西班牙
SPAIN

《中国公民出游宝典》编委会 编著

中国公民出游宝典

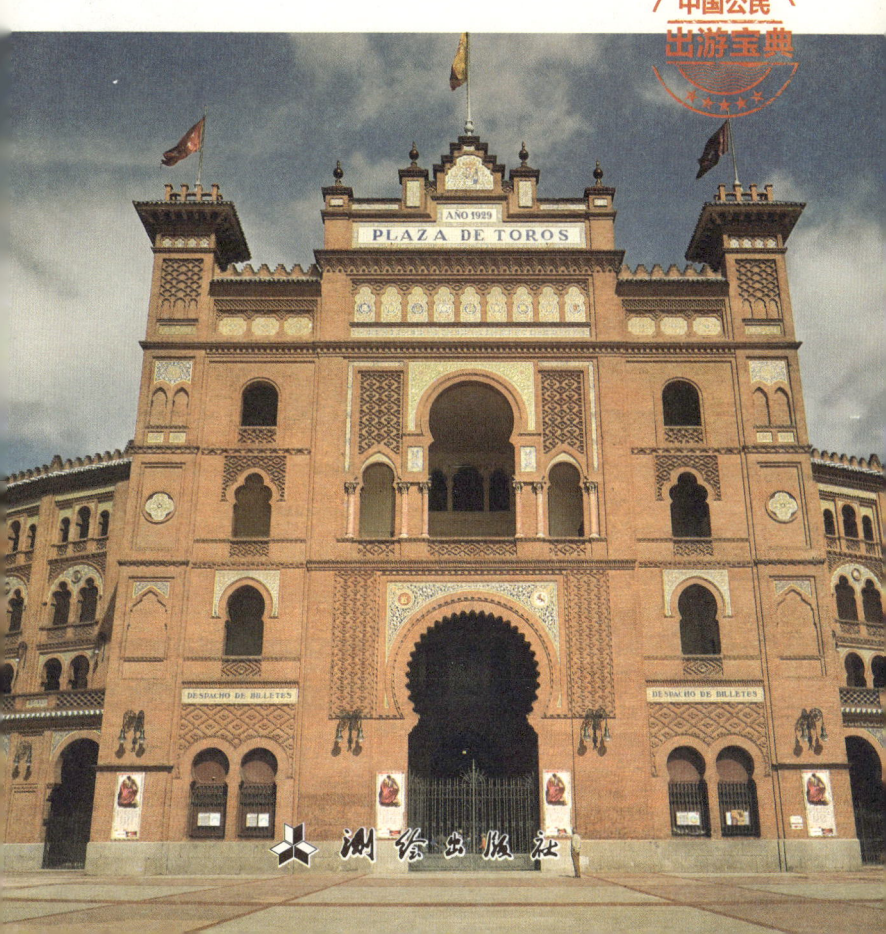

测绘出版社

《中国公民出游宝典》编委会

顾　　　问：刘振堂　刘一斌　杨伟国
编委会主任：高锡瑞

编委会成员（排名按姓氏笔画）：
万经章　王雁芬　卢永华　石　武　刘一斌
刘志杰　刘振堂　许昌财　江承宗　李玉成
吴克明　杨伟国　时延春　胡中乐　赵　强
高锡瑞　黄培昭　甄建国　潘正秀　穆　文

人文地理作者：许昌财

策　　划：赵　强
责任编辑：赵　强
执行编辑：王　娜
地图编辑：黄　波
责任印制：陈　超
图片提供：微图网　全景视觉
　　　　　达志影像　壹图网

总序

当今的中国已成为世界上顶级旅游大国之一，迄今我国已批准了140多个国家和地区为中国公民自费出境旅游的目的地，出境旅游的人数急剧上升，2012年全年已超过8300万人次。这就意味着我国的境外游已达到"升级换代"的阶段。至少对那部分有更高要求的游客，必须有新的旅游产品来满足他们新的需求。

中国地图出版集团旗下，测绘出版社文化生活出版分社组织编写的《中国公民出游宝典》丛书生逢其时，丛书由"人文地理"、"旅游资讯"、"地图导览"三部分组成，具有权威、代表、专业和针对性四大特点。这恰恰是面向中高档次的出境游客的一套货真价实的高端旅游丛书。

一、权威性。参与撰写"人文地理"的作者为我国前驻外使节及其他资深外交官。他们长期从事外事工作，不但熟悉驻在国（地）的地理环境、自然风貌，而且深谙当地的文化习俗、风土人情、历史沿革和特质长项。这些作者多为外交笔会成员，有写旅游丛书的经验，行文严谨、准确、细腻，耐人寻味咀嚼。所以，本丛书提的口号"大使指路，游客追捧，跟着外交官去旅游"是恰如其分的。

二、代表性。在世界200多个国家和地区中，精选出十几个国家和地区，其前提是旅游资源十分丰厚。我国开放出国旅游以来，中国游客青睐、向往之地，在人文、地理、自然、物产和良风益俗诸多方面具有独到之处，在地区或世界上颇有知名度，适宜较高品味的旅游享受。

三、专业性。由权威的旅游专家提供合理的旅游实用资讯，丛书配有执笔者与相关驻华旅游局提供的旅游目的地最新照片，进而图文并茂，游客可未到先知，扩大了选择的余地。抵达后"按图索骥"，更会加深美好的印象。特别值得一提的是，测绘出版社作为本丛书的策划者还提供了详实的旅游地图，方便游客的出行。

四、针对性。在我国经济与社会发展到当今的水平，中高档的出国旅游者，远不满足于浮光掠影、走马观花式的普通游览，提高知识性、趣味性、舒适性成为中高档游客的普遍诉求。故本丛书刻意着墨于"景点背后的故事"，以作者的感悟归纳与凝练，尽量做到简洁明快，易记好懂，令旅行者阅后犹如观实景，穿越时空的隧道，尽享上品的快意与雅趣。

旅游是一部永远读不完的百科全书。洞悉目的地国或地区的方方面面，本身就是对别人的一种尊重与欣赏。而当地人自然也会通过我们这些来自中国的游客，哪怕只是一颦一笑、举手投足，都可窥见中国人及其国家的品位、风貌和素养。坦言之，出版这套丛书有着双重初衷，既为中高档游客提供更多便利，也为我国游客在国门之外的言行举止称得上"中高档次"而提供帮助。让旅游目的地国在分享"旅游红利"的同时，也通过我们的游客分享我国的成长、进步与文明的果实。

刘振堂[*]

2013.6

---

[*]中国资深外交官，中东问题专家，前驻伊朗、黎巴嫩大使。

序

1978年我被派到中国驻西班牙大使馆工作。1982年回外交部工作了4年后，再次回到中国驻西班牙使馆任职。1994年出任中国驻巴塞罗那总领事，又工作了4年。我这一生与西班牙有着不解之缘，作为一名职业外交官，我对这个国家留下了许多难忘和美好的回忆。

西班牙是一个有着悠久历史的文明古国。在西班牙工作的15年里，我走访了西班牙的50个省以及省会。如果说西班牙是一部鸿篇历史书的话，那么每个城市乃至每个乡镇就是灿烂的篇章。

旅游同历史、文化是密不可分的。因此，还应对这个国家的人文地理、历史文化、民族习俗等有所了解。基于这种认识，我把西班牙部分城市和名胜古迹的真实场景和画面介绍给读者的同时，还试图把历史的片段和文化涵义融入书中，以便让读者开阔视野，在享受艺术和观光的同时，还能得到思想的启迪，为今后更深入地了解西班牙提供一些有价值的线索。

2003年退休后，一直想把我在西班牙的所见所闻写成一本书，感谢测绘出版社约我撰写《西班牙》（中国公民出游宝典）一书，仅以此书献给有兴趣了解西班牙的人们。

许昌财
2014.2

目录 CONTENTS

PART 1 人文地理

基本概况　　002

1. 主要信息速览　　003
2. 独特的地理与气候　　008
3. 悠久的历史　　012

灿烂文化　　017

1. 文学繁荣的"黄金时代"　　019
2. 辉煌的绘画艺术　　022
3. 斗牛——勇敢无畏的象征　　024
4. 弗拉门戈　　026
5. 萨尔苏埃拉　　027

民风民俗　　028

1. 丰富多彩的民间节日　　028
2. 热情奔放的西班牙人　　038

城市介绍　　048

1. 马德里　　050
2. 巴塞罗那　　052
3. 托莱多　　054

4. 巴伦西亚　　　　　　　　　056
5. 塞维利亚　　　　　　　　　058
6. 萨拉戈萨　　　　　　　　　060
7. 科尔多瓦　　　　　　　　　061
8. 格拉纳达　　　　　　　　　063
9. 马拉加　　　　　　　　　　066
10. 塞哥维亚　　　　　　　　　068

主要名胜　　　　　　　　　070

1. 阿尔塔米拉岩洞窟　　　　　072
2. 堂吉诃德之路　　　　　　　074
3. 圣地亚哥之路　　　　　　　076
4. 阵亡者之谷　　　　　　　　079
5. 埃斯科里亚尔修道院　　　　082
6. 阿兰胡埃斯人文景观　　　　086
7. 太阳海岸、陡峭海岸　　　　091
8. 加那利群岛　　　　　　　　093
9. 巴利阿里群岛　　　　　　　096
10. 阿维拉旧城　　　　　　　　100

PART 2

旅游资讯
地图导览

🏛 签证信息 　　　　　　　　106

1. 签证费用　　　　　　　　106
2. 签证受理时间　　　　　　106
3. 需要递交的材料　　　　　106
4. 签证申请中心信息　　　　107

🏛 实用信息 　　　　　　　　108

1. 语言　　　　　　　　　　108
2. 货币　　　　　　　　　　108
3. 电源　　　　　　　　　　108
4. 电话　　　　　　　　　　108
5. 网络　　　　　　　　　　108
6. 银行　　　　　　　　　　109
7. 邮政　　　　　　　　　　109
8. 通讯　　　　　　　　　　110
9. 抽烟　　　　　　　　　　111

🏛 出入境信息 　　　　　　　112

1. 出境须知　　　　　　　　112
2. 入境须知　　　　　　　　112

交通　　　　　　　　　　113

1. 航空　　　　　　　　　113
2. 铁路　　　　　　　　　113
3. 公路　　　　　　　　　114
4. 海路　　　　　　　　　114
5. 市内交通　　　　　　　115

饮食　　　　　　　　　　116

1. 别具特色的饮食文化　　116
2. 特色美食　　　　　　　118

住宿　　　　　　　　　　119

1. 青年旅舍　　　　　　　119
2. 家庭旅馆、客栈　　　　119
3. 酒店　　　　　　　　　119

购物　　　　　　　　　　120

1. 主要购物地　　　　　　120
2. 主要特产　　　　　　　122

休闲娱乐　　　　　　　　123

1. 精彩的斗牛及弗拉门戈表演　123
2. 热闹的酒吧　　　　　　123
3. 刺激的球赛　　　　　　123

经典路线游　　　　　　　　126

1. 经典之旅　　　　　　126
2. 精华之旅　　　　　　128
3. 深度之旅　　　　　　130

中部地区旅游热点　　　　135

1. 马德里　　　　　　　138
2. 塞哥维亚　　　　　　150
3. 托莱多　　　　　　　154

东部地区旅游热点　　　　161

1. 巴塞罗那　　　　　　164
2. 萨拉戈萨　　　　　　179
3. 巴伦西亚　　　　　　182

南部地区旅游热点　　　　187

1. 塞维利亚　　　　　　190
2. 科尔多瓦　　　　　　196
3. 格拉纳达　　　　　　200
4. 马拉加　　　　　　　204

旅游须知　　　　　　　　210

1. 意外应急须知　　　　210
2. 紧急电话与求助电话　211
3. 中国驻西班牙使领馆联系方式　211

REGE
A
MDC

PART 1
人文地理

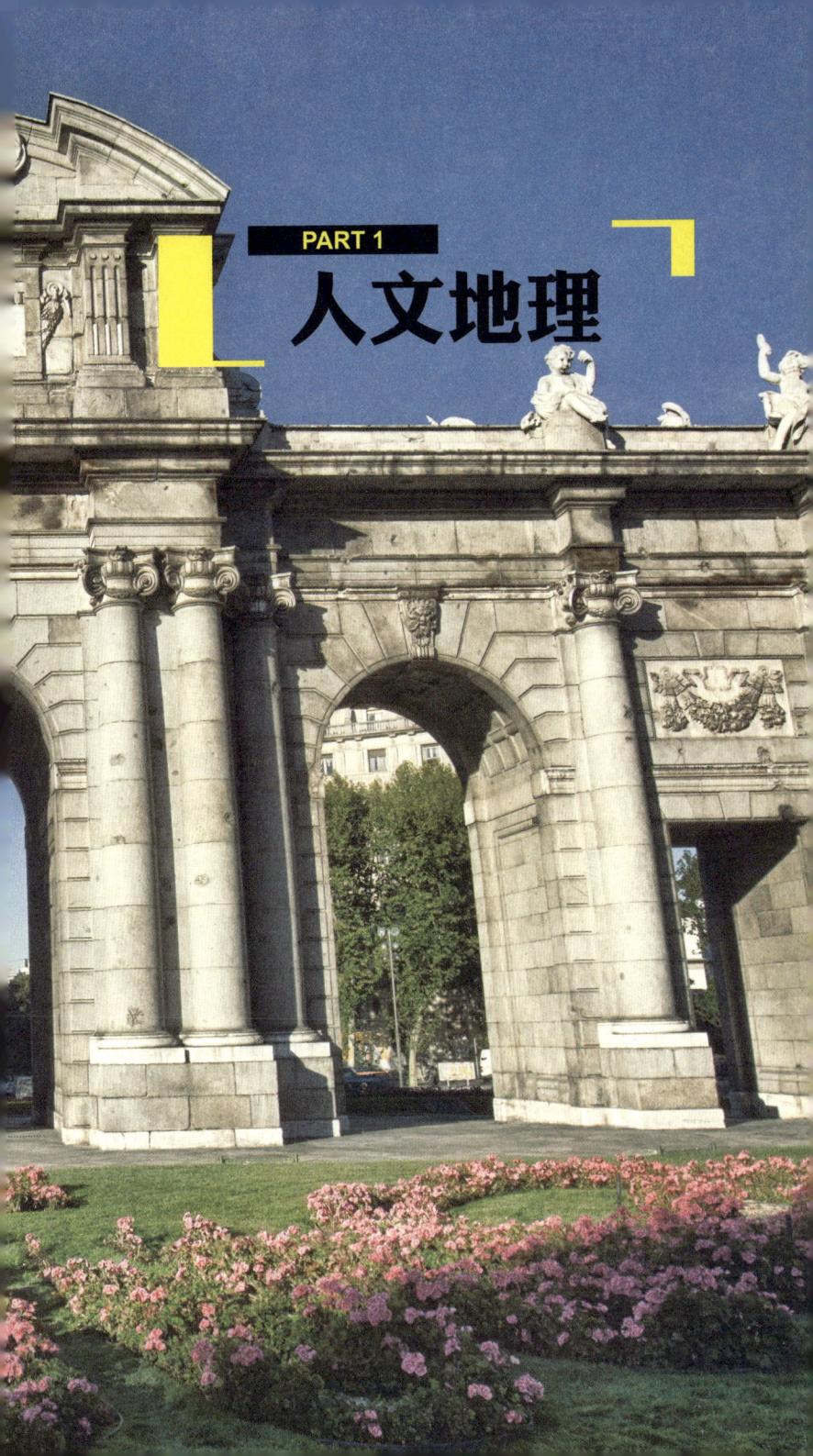

002

基本概况

1. 主要信息速览

（1）国　名

西班牙王国，简称西班牙。

（2）国　旗

国旗呈长方形，长宽之比为3∶2，旗面由三个平行的横长方形组成，中间一条是黄色，上下两条是红色，均为西班牙人民喜爱的传统颜色。

（3）国　徽

国旗黄面靠近旗杆处是国徽。由几个古老的基督教王国组成基本图案。红底金色城堡代表卡斯蒂利亚王国；白底红狮代表莱昂王国；黄底四条红杠代表阿拉贡王国；红底放射状的金色锁链代表纳瓦拉王国；白底石榴图案代表格拉纳达王国；位于盾徽中央红框内蓝底百合花图案代表波旁王朝。盾徽顶部的王冠象征国家主权，两根大力神柱立在两侧。

（4）国　歌

皇家进行曲。

（5）国　花

石榴花。

（6）国　石

绿宝石。

（7）国　球

足球。

（8）首　都

马德里。

（9）面　积

西班牙总面积为505 925平方千米，居欧洲第三位，仅次于德国和法国。

（10）人　口

据2011年统计，全国人口约4719万人（包括外国人570万），居欧盟国家第五位。人口密度93.51人/平方千米。人口分布很不平均，主要集中在马德里省、沿海地区和瓜达尔吉维尔河流域。

西班牙是一个多民族国家。按民族划分，卡斯蒂利亚人占绝大比例，主要少数民族有加泰罗尼亚人691万，加利西亚人275万，巴斯克人212万。

（11）区　划

全国划分为17个自治区、50个省、8000多个市镇，在摩洛哥境内另有塞卜泰（休达）和梅利利亚两块飞地。

马德里西贝莱斯广场

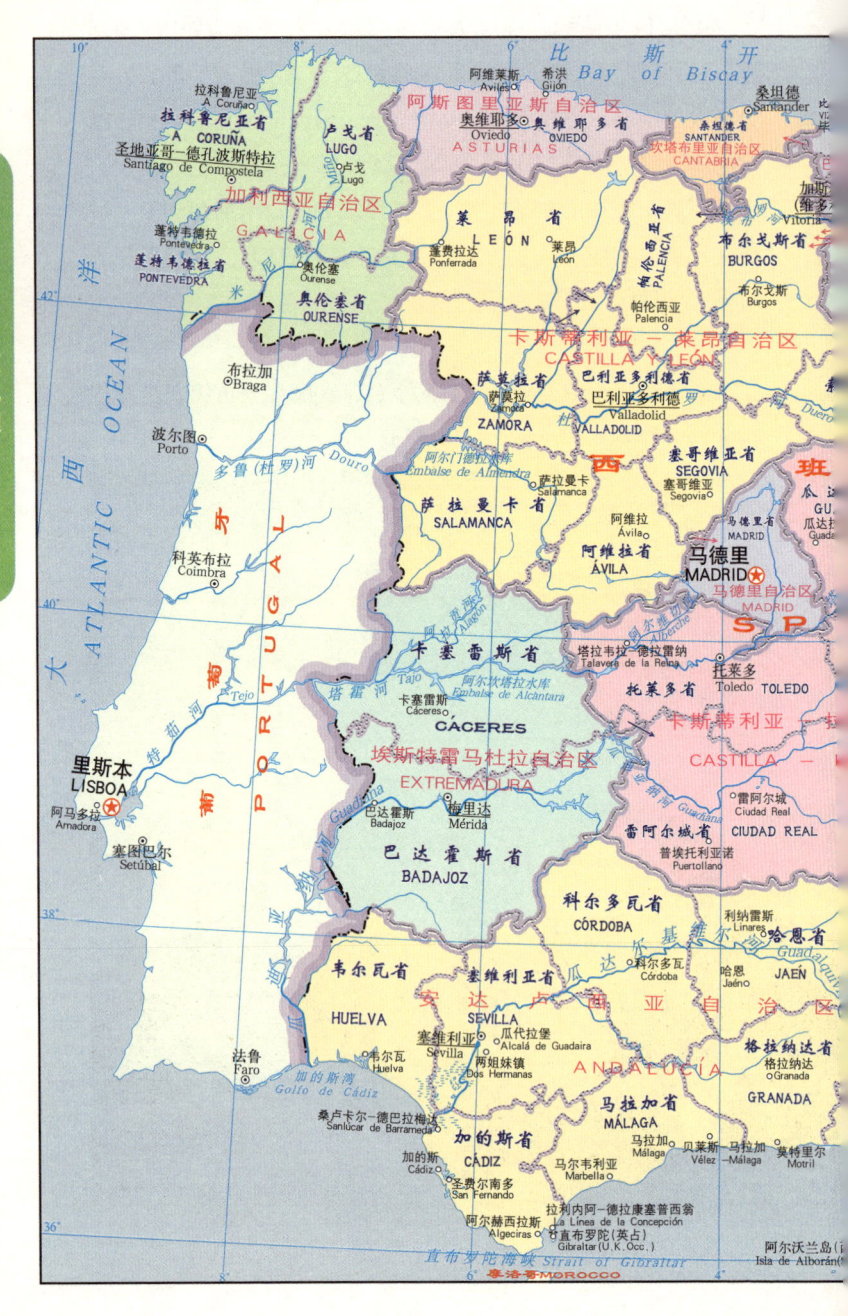

人文地理

行政区图 Administrative

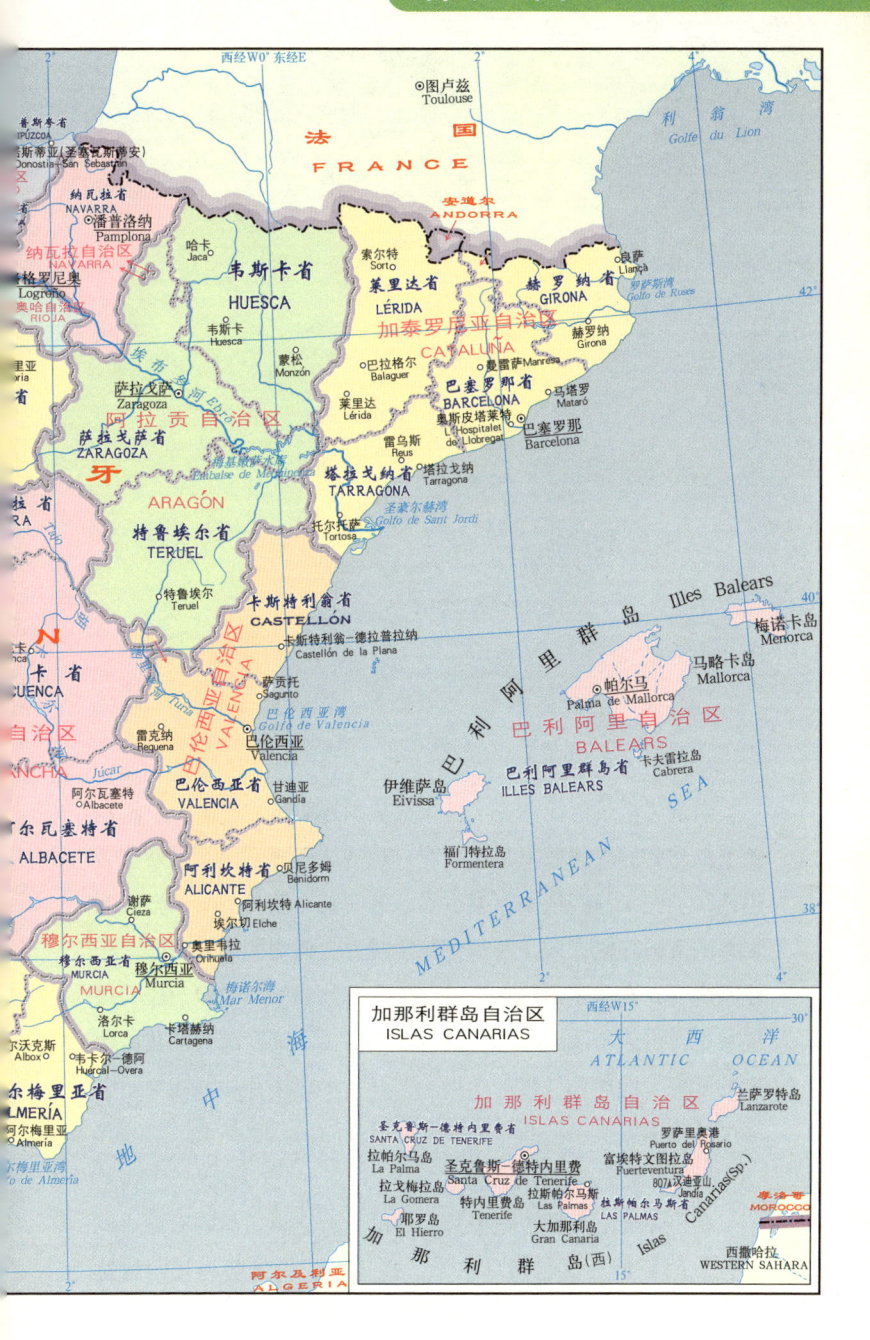

2. 独特的地理与气候

（1）地　理

独特的地理位置

西班牙位于伊比利亚半岛东部。据地质学家考证，伊比利亚半岛与非洲大陆原本是连接在一起的，同属于阿尔卑斯褶皱山系，三纪末与四纪初断裂下陷，形成直布罗陀海峡，把欧洲和非洲大陆分割开来。西与葡萄牙毗邻，西南濒临大西洋，南望摩洛哥，东和东南濒临地中海，北部比利牛斯山像一座天然屏障把西班牙与法国分隔，使伊比利亚半岛同欧洲大陆其他地区的地理、地貌和气候产生很大差异。西班牙和法国接壤处有一个袖珍国安道尔，西北部濒临比斯开湾。

大陆和岛屿组成的国家

西班牙大陆面积占全国总面积的六分之五。岛屿有地中海的巴利阿里群岛（包括马略卡、梅诺卡、伊维萨和福门特拉

特内里费岛

岛);位于大西洋的加那利群岛(包括大加那利、特内里费、兰萨罗特、耶罗、戈梅拉、富埃特文图拉和帕尔马岛)。此外,在摩洛哥境内有休达和梅利利亚两块飞地。

高山、高原与河流

西班牙是一个地势较高的国家,西北部的坎塔布连山脉分为东西两段,北部地区由西向东,地势缓缓走低。境内多山脉,中部梅塞塔高原占全国面积的三分之二,平均海拔600~800米。中部山脉把梅塞塔高原分为南北两部分,北部为旧卡斯蒂利亚,南部为新卡斯蒂利亚。从加泰罗尼亚向南延伸是绵长的海岸线。安达卢西亚大部分地区是平原,平均海拔200米左右。

流入大西洋的主要河流有:塔霍河流经梅塞塔高原,全长1038千米,是伊比利亚半岛最大的河流;杜埃罗河流经卡斯蒂利亚和莱昂地区,穿过葡萄牙,全长895千米;瓜迪亚纳河全

流经托莱多城的塔霍河

长824千米;瓜达尔吉维尔河穿过安达卢西亚大平原,全长657千米。流入地中海的河流主要有:埃布罗河全长910千米;塞古拉河全长341千米;胡卡尔河全长498千米。

(2) 气 候

西班牙三面环海,是典型的地中海气候,阳光充足,四季分明。东南地区有来自地中海潮湿而又温暖的气流,西北地区有来自大西洋的季风。由于复杂的地理环境,各地气候差异较大。夏季一些地区温度仅15℃,而有些地区则超过40℃。大部分地区年降雨量为400毫米~1500毫米。

全国共分四大气候区

大西洋气候区自东部的比利牛斯山向西延伸到加利西亚,雨量丰富,年降雨量超过1000毫米,大地终年保持绿色。由于临近海洋,温差不大,冬季一般11℃~15℃,夏季20℃~25℃。

地中海气候区覆盖了全国大部分地区,包括地中海沿岸、半岛内陆和巴利阿里群岛。由于地理和植被等因素影响,地中海气候区又分为三个不同区域,地中海沿岸、休达、梅利利亚、巴利阿里群岛和内陆少部分地区属于典型的地中海气候区，其特点是降雨不规律，年降雨量400毫米~700毫米，主要集中在春、秋两季；冬季短且温和，夏季长且炎热，年平均温度15℃~18℃。冬季寒冷的地中海气候区，包括中部梅塞塔高原，阿利坎特省北部、瓜达尔吉维尔河流域和埃布罗河下游，其特点是温差大，冬季长，温度低，最低温度为-5℃，夏季一般都在35℃左右，个别地区高达40℃。雨量少，年降雨量仅400毫米。干燥性地中海气候区包括木尔西亚、阿利坎特、阿尔梅里亚，其特点是气候干燥，雨量稀少，年降雨量不到300毫米。

亚热带气候区包括加那利群岛和太阳海岸一带，年平均温度在22℃~28℃，一年至少有300天日照。

高山气候区包括比利牛斯山、中部山脉、伊比利亚山脉、坎塔布连山脉。这些地区冬季较冷，雨量丰富，海拔较高地区还有积雪。

比利牛斯山

托莱多古城

3. 悠久的历史

早在远古时代伊比利亚半岛上就有人类活动。经历了旧石器、新石器时期后，进入金属器时期。新石器时期经济形式以畜牧业为主，晚期出现了巨石文化。

公元前1000年，伊比利亚半岛发生了对后来社会和经济发展产生深刻影响的外族迁徙运动，即印欧语族人向伊比利亚半岛渗透，其中主要是凯尔特人。伊比利亚人在伊比利亚半岛最具代表性。

公元前1100年，腓尼基人在伊比利亚半岛登陆，与塔尔特苏人建立了密切联系，对伊比利亚半岛经济发展发挥了重要影响。

公元前6世纪，希腊人登陆伊比利亚半岛，带来了农业、造船、冶炼等先进技术，银币开始流通。

公元前218年，罗马入侵西班牙，开始了长达600年的统治（公元前218—公元409年）。这期间，罗马文明在西班牙广泛传播。罗马帝国统治时期，农业和采矿技术在西班牙各地传播和应用。基督教传到西班牙，土著语拉丁化。

公元414年，西哥特人入侵西班牙，标志着西班牙进入中世纪时代。在西哥特人统治西班牙近300年中，两个民族、两种文化逐渐融合。但是，西哥特人从未成为西班牙的真正主宰。

哥伦布雕像

在阿拉伯人统治西班牙的8个世纪中（710—1492年），农业、畜牧业以及采矿、毛纺、制革、造纸、陶瓷、玻璃、食品等工业发展很快。这个时期，西班牙教育事业迅速发展，阿拉伯文学在西班牙广泛传播。

1492年1月，天主教双王（伊萨贝尔女王和费尔南多二世）率领基督教大军攻陷格拉纳达城，宣告阿拉伯末代王朝灭亡，卡斯蒂利亚王国奠定了在全国的统治地位。1492—1502年，航海家哥伦布率领船队四次海上远征，发现了美洲大陆。从此，西班牙在美洲建立了殖民统治。1516年，费尔南多二世驾崩，卡洛斯一世登基（1516—1556年），西班牙进入哈布斯堡王朝统治时期。1519年，卡洛斯一世被推举为神圣罗马帝国皇帝。期间，西班牙国力强大，疆土不断拓展，成为"日不落帝国"。经济的发展带来了文化艺术的繁荣，西班牙进入了文艺繁荣的"黄金时代"。1588年，费利佩二世派无敌舰队对英国作战，结果被英国海军击溃。从此，西班牙失去了海上优势，国势鼎盛时代一去不复返。

1700年，安茹公爵费利佩来到马德里即位，王号为费利佩五世，西班牙从此开始了波旁王朝时代。当时，英国、荷兰和奥地利支持卡洛斯大公继承西班牙王位，并于1701年签订了《海牙条约》，成立了大同盟。1702年，大同盟向法国和西班牙宣战，继承战争爆发。1704年8月，英国和荷兰派军队占领了直布罗陀。1713年，法国、西班牙与英国、荷兰、奥地利等签订了《乌特勒支条约》。依约，英国保持对直布罗陀的占领。

1808年2月，拿破仑派兵入侵西班牙。同年5月2日，马德里人民奋起抗击法国军队入侵，独立战争爆发。1812年3月，中央洪达颁布了《加的斯宪法》，标志着西班牙从封建专制制度向君主立宪制度过渡，拉开了第一次资产阶级革命序幕。1873年，西班牙第一共和成立，但封建专制主义者不甘心退出历史舞台，联合军队右派对抗共和。1874年，第一共和政府解散，阿方索十二世即位，波旁王朝复辟。

19世纪末，西班牙的海外殖民地只剩下古巴、波多黎各和菲律宾。1868年，古巴独立战争爆发。1898年4月，美国向西班牙宣战。同年7月圣地亚哥被美国占领，12月西班牙被迫同美国签订了《巴黎和约》，放弃对古巴的主权。同时，美国还占领了波多黎各。1898年4月，美国海军在马尼拉海湾登陆，8

西班牙广场

月马尼拉失守。根据西美签订的《巴黎和约》，美国取得了菲律宾宗主权，西班牙承认菲律宾独立。至此，西班牙在海外的殖民体系土崩瓦解。

1930年，独裁者里韦拉被迫辞职，西班牙结束了长达七年的军事独裁统治。1931年4月14日，第二共和成立。当日，波旁王朝最后一位国王阿方索十三世离开西班牙，波旁王朝统治结束。

1936年7月，西班牙内战爆发。在德国、意大利法西斯的支持下，佛朗哥率领的叛军在军事上很快占据优势。1939年3月28日，叛军攻占马德里，推翻了第二共和政府，佛朗哥开始了长达36年的独裁统治。佛朗哥统治后期，社会动荡，民主进步力量不断发展。20世纪70年代，以西班牙工人社会党和西班牙共产党为代表的左翼进步力量反对佛朗哥独裁政权的斗争有所发展。

1975年11月20日，佛朗哥去世，西班牙独裁统治结束。11

马德里王宫

月22日，胡安·卡洛斯登基，成为佛朗哥死后西班牙恢复民主政体的第一位国王。此后，西班牙工人社会党、西班牙共产党等取得合法地位。1977年6月5日，西班牙举行佛朗哥独裁政权结束后的第一次民主选举。阿道夫·苏亚雷斯领导的民主中间派联盟取得胜利，负责组阁。西班牙工人社会党和西班牙共产党成为全国第二、第三大政治力量。1978年12月6日，举行全民公决，通过了新宪法，标志着国家踏上了民主化的轨道。根据宪法，政府开始同各大区进行谈判，推行地区自治制度，全国划为17个自治区，中央政府把权力逐步下放到自治区政府。各派力量经过角逐，逐渐形成了西班牙工人社会党和人民党轮流执政的格局。西班牙完成了民主化进程受到美国和西欧国家的欢迎，在国际上摆脱了昔日的孤立地位。1981年12月1日西班牙加入北大西洋公约组织，1986年1月1日正式加入欧洲共同体，1991年成为欧盟成员国。

灿烂文化

西班牙是一个拥有古老文化和悠久历史的多民族国家。由于地理、气候的影响，特别是曾长期受罗马、西哥特和阿拉伯人统治，外来文化与西班牙本土文化相互交融，形成了独特的传统民族文化。西班牙拥有丰富的文化遗产，宫殿、教堂、城堡遍布大小城镇。由于历史原因，西班牙文化与宗教有着密切的联系。

马德里市政厅

巴塞罗那米拉之家

罗马帝国统治时期，基督教传入西班牙，对西班牙社会产生了深刻影响。各民族的土著语逐渐拉丁化，罗马先进的建筑艺术也传入西班牙。迄今，在塔拉戈纳、马拉加、塞维利亚、塞哥维亚等城市仍保留着罗马时期的建筑遗迹。

阿拉伯统治时期曾出现过伊斯兰文化繁荣景象。初期，伊斯兰教并没有得到广泛传播，这是因为来到西班牙的阿拉伯人大部分是柏柏尔人和一些农夫，他们并没有多少文化，生活方式还相当落后。此后，一些文明程度较高的国家，如叙利亚、埃及、摩洛哥等国的学者来到西班牙，带来了伊斯兰文化和文明，在一些大中城市陆续建立了清真寺。当时，科尔多瓦成为世界伊斯兰文化和教育中心。阿卜杜·拉赫曼一世创建了科尔多瓦大学，哈卡姆二世热衷于人类崇尚，扩建了这所大学，征集各种书籍，创办了图书馆。此外，在格拉纳达、托莱多、塞维利亚和萨拉戈萨等城市都创办了大学。伊斯兰教育不仅在大城市，而且在中小城市已经相当普及，《可兰经》和《圣训》是学生们的必修课。

此外，阿拉伯文学也得到广泛传播，特别是阿拉伯诗歌流传甚广，如叙利亚古典诗歌开始在西班牙流传，伊拉克现代派诗歌也十分流行。在西班牙流行的阿拉伯诗歌主要有两种题材，一种是宫廷古典诗歌，另一种是反映平民生活的大众诗歌。当时，科尔多瓦是阿拉伯文人墨客聚集的地方。这些诗人在埃米尔和哈里发的支持和赞助下，创作了大量诗歌为统治者歌功颂德，从而出现了不少宫廷诗人。后倭马亚王朝灭亡后，新古典文学盛行一时，诗歌题材更加广泛，如描写爱情、战争、激情的诗歌，表现出对大自然的崇尚和热爱。

格拉纳达阿兰布拉宫

1. 文学繁荣的"黄金时代"

1492年,西班牙基督教王国取得了收复失地运动的胜利,结束了阿拉伯人的统治。同年,航海家哥伦布发现美洲大陆,西班牙在美洲建立殖民统治,大肆掠夺那里的财富,经济得到迅速发展,从此进入了文化繁荣时期。

哥伦布

16世纪,西班牙出现了以描写反抗封建专制剥削和压迫、讥讽社会状况,要求自由和进步的文学创作。这些民间文学题材十分广泛,如谚语、奇闻轶事、民间歌谣、故事传奇和短篇小说等,成为16、17世纪西班牙文学繁荣的基础和重要组成部分。16世纪中叶,西班牙开始盛行流浪汉小说。这些小说主要描写城市下层平民的生活状况,并通过这种描述讽刺当时社会的不公正,暴露其腐朽、没落和伪善。其中,具有代表性的流浪汉小说是《小癞子》,揭露了当时社会黑暗和腐朽。16世纪后期,出现了批判反动教义、宣传人文主义的文学现象。

17世纪,人文主义文学一度繁荣,出现了许多优秀作品,小说和戏剧达到了很高的水平。这些作品把颂扬和讽刺结合起来,解剖当时的社会本质,暴露社会黑暗和丑恶,充满着人民大众的智慧。卡洛斯一世时期,在西班牙出现了伊拉斯莫主义学者,他们十分重视民间文学现象,认为这些作品富有人民丰富的想象力,并广泛地搜集民间谚语,对当时社会进行解剖,

西班牙广场堂吉诃德雕像

人文地理

揭露社会的黑暗面。16世纪，卡斯蒂利亚语已经十分普及，在葡萄牙和意大利也有许多人开始说卡斯蒂利亚语。西班牙许多作家和诗人创作的诗歌和小说在欧洲翻译成其他文字并广泛流传。当时的诗歌最为繁荣，题材广泛，如抒情诗、田园诗、叙事诗等。16世纪西班牙文学成就以塞万提斯为代表，他的长篇小说《堂吉诃德》闻名于世。塞万提斯才华横溢，既是诗人，又是小说家和戏剧家。在他的一生中，创作了大量的诗歌、剧本和散文。1605年《堂吉诃德》出版，立即销售一空，并多次再版，很快译成英文、法文，广泛流传。作者通过对堂吉诃德这个人物的描述来反映当时社会的真实面貌，体现出文艺复兴以来人文主义新思想。费利克斯·洛佩·德维加是西班牙民族喜剧文学的主要代表，他也是一位诗人、小说家。他一生创作了1500部剧本，大部分优秀作品是在17世纪初创作的，迄今保留下来的有426部。维加是一位戏剧革新者，他首创三幕喜剧，破除了过去刻板的喜剧戒律，创造出独特的喜剧风格，并把维护人的尊严这一主题写进戏剧，奠定了西班牙民族戏剧的基础，对欧洲戏剧的发展产生了深刻影响，成为后来许多戏剧家仿效的典范。《羊泉村》是他的代表作之一。

2. 辉煌的绘画艺术

16世纪，西班牙绘画艺术达到很高水平，出现了许多优秀画家。他们虽然属于不同画派，但在创作方面有着共同的特点，都追求艺术的完美与现实主义相结合。里韦拉是现实主义明暗画派的突出代表，他善于利用黑白光线对照，将画面展现给观众，透出禁欲主义思想。胡安·德拉罗埃拉、埃雷拉、佛朗西斯科·帕切科是塞维利亚画派代表。他们的作品擅长用色彩来表达深邃的意境。贝拉斯克斯是著名的宫廷画家，在他的作品中不乏宗教画派的风格，画作色彩运用巧妙，线条流畅，题材多样，追求现实主义。戈雅是18、19世纪之交西班牙杰出画家，是浪漫主义绘画的先驱和代表。他的画风既丰富多彩又独树一帜，是一位多产画家，其代表作是《一八〇八年五月二日》和《一八〇八年五月三日》两幅伟大作品，描写的是马德里人民奋勇抗击拿破仑军队入侵，保卫马德里的战斗场面和拿

毕加索《格尔尼卡》

破仑军队野蛮屠杀马德里城民的惨烈情景，揭露了法国侵略军的野蛮暴行，歌颂了西班牙人民不怕牺牲保卫国家的爱国主义精神。戈雅还是一位宫廷画家，他的一生为西班牙王室成员创作了许多优秀作品，其中最具代表性的是两幅《玛哈》。作者通过一个美丽女人的裸体和着衣两个不同的画面，把人带入细腻而又美丽的世界。巴勃罗·毕加索是20世纪富有创造力的绘画大师，出生在西班牙，长期在法国进行艺术创作。他的第一幅作品是油画《斗牛士》，代表作是《格尔尼卡》，描绘的是1937年西班牙内战，他以画笔为武器，创作了这部揭露德国法西斯暴行和残害人类生灵的世纪之作。这幅画长8米，宽3.5米，共有45个画面。画面中通过马、牛和各种人物的不同神态衬托出战争的恐怖，如惊恐的牛、遍体鳞伤的马、母亲和被炸死的儿子等画面表现出作者对德国法西斯暴行的谴责。1981年，西班牙政府派专机将这幅伟大画作从纽约运回马德里，目前珍藏在马德里索菲娅博物馆。

斗牛表演

3. 斗牛——勇敢无畏的象征

西班牙现代斗牛风格要追溯到18世纪,至今已有300多年历史。不过,早在罗马帝国时期,安达卢西亚地区居民就有斗牛的爱好。那时的斗牛士与牛格斗后再用长矛或斧子把牛杀死。阿拉伯人统治时期,斗牛风格有了很大变化,斗牛士骑在马上,手持长矛,与牛格斗。当时,斗牛娱乐已经十分普遍,科尔多瓦、塞维利亚、托莱多等地都举办斗牛表演。古罗马时期建造的圆形斗兽场纷纷改为斗牛场。一些没有专门斗牛场的乡镇,便把街心广场改为斗牛场。因此,人们至今仍把斗牛场称为"斗牛广场"。

据统计,西班牙现有400多座斗牛场,其中有10座甲级斗牛场,马德里就有3座。斗牛场呈圆形,外部由红砖砌成,大的斗牛场可容纳2—3万人。每年3至10月是斗牛季节。西班牙人观赏斗牛的热情不亚于足球,几乎场场爆满。斗牛士被视为真正的男子汉,优秀斗牛士被捧为英雄。他们的收入很高,社会地位甚至高于歌星和电影明星,颇受人们的尊敬和崇拜。这是因为斗牛能把高雅、优美、体力、智慧完美地结合在一起，从斗牛士身上能体现出西班牙人勇敢、刚毅、好胜、豪放的性格。斗牛表演有十分严格的规定，每场有三名斗牛士表演，每人斗两头公牛。牛是经过精心饲养和训练的，凶猛无比，一般都在500公斤左右。斗牛士的服饰继承了16世纪的传统，十分华丽，上面镶有金色花边，在阳光下耀眼夺目。头饰也十分讲究，盘发、脑后留一条小辫，头戴黑色斗牛帽。斗牛士绝大多数是男性，女斗牛士也有，但很少。开场仪式十分壮观，华丽而招摇。喇叭声响起，斗牛士带领扎枪手、镖手和其他助手缓缓入场。当牛从栅栏里放出，快速向斗牛士助手面前奔去时，气氛顿时紧张起来。长矛手骑着高头大马迎着狂奔而来的牛，借着牛奔来的巨大冲力，将长矛扎进牛背上，顿时鲜血四溅。接着，镖手们开始表演，他们将带钩的花镖扎进牛背上，任凭牛怎样摇晃都不会脱落。此时的牛已经暴跳如雷，狂躁无比，由于流血很多，力量消耗很大。这时，斗牛士才开始表演。他手持一把闪闪发光的利剑，上面挂着一块红布，当牛发起攻击时，他灵敏地躲闪过去，并摆出立、跪、转体等各种姿势，英武洒脱。牛擦身而过，险象环生，博得观众阵阵掌声。斗上十几个回合后，牛已筋疲力尽。这时，斗牛士手握利剑向牛背猛地刺去，直插牛的心脏，牛垂死挣扎几下便很快倒在地上。斗牛士以胜利者的姿态向观众致意。表演精彩的斗牛士会赢得观众雷鸣般掌声，他们挥动白色手绢，要求裁判奖赏斗牛士。这时，主席台的裁判最后裁决。表演精彩的斗牛士会得到一个牛耳，最高奖赏是两只牛耳和牛尾。

斗牛士斗牛

4. 弗拉门戈

　　弗拉门戈是集歌、舞、演奏于一体的特殊艺术形式，源于18世纪安达卢西亚地区。关于弗拉门戈的起源迄今没有一致的看法。比较认同的是，弗拉门戈是吉卜赛人的一种民间歌舞，包含基督教、犹太教、伊斯兰教和吉卜赛多种元素混杂的艺术形式，体现西班牙民族文化特色，至今已有300多年历史。弗拉门戈与斗牛齐名是西班牙两大国粹。弗拉门戈源于平民阶层，跳起来节奏明快，热情奔放，刚健柔美，通过音乐、肢体语言表现草根阶层对生活的热爱、向往和抗争，对爱情的追求和感伤。表演时有伴唱和吉他伴奏，一开始舞步缓慢，然后节奏突然加快，男女舞者拍着巴掌，脚踏地板，发出铿锵有力的声音，用头和手舞出各种优美的动作，给人以振奋、激昂和无限的遐想。当音乐突然停顿时，舞者做出优美的造型。顿时，观众报以热烈的掌声，演员和观众的互动达到高潮。今天的弗拉门戈已是西班牙文化旅游的一张名片。热情好客的主人总是为外来游客安排一场弗拉门戈表演，让他们尽情地享受这种民间舞蹈无穷的艺术魅力。不过，弗拉门戈作为一种传统的艺术形式，今后如何继承和发扬，却面临着严峻的挑战。

弗拉门戈表演

弗拉门戈表演

5. 萨尔苏埃拉

　　萨尔苏埃拉是17世纪中叶出现的用方言演唱和道白的古老歌剧,因最早是在马德里郊区的萨尔苏埃拉宫演出而得名。最初,萨尔苏埃拉只是一种专供贵族欣赏的高雅艺术形式,后来逐渐普及到人民大众。18世纪,萨尔苏埃拉受意大利歌剧的影响,演出形态和音乐风格吸收了意大利正歌剧的特点,在表演艺术方面更加完美,许多大众剧院开始上演萨尔苏埃拉。此后,由于西班牙社会和政治的影响,加之戏剧家的创作较少,萨尔苏埃拉一度处于衰落。19世纪中叶,萨尔苏埃拉又进入鼎盛时期,许多剧目受到贵族甚至平民的喜爱,一些歌曲开始流行。1856年,马德里建立了萨尔苏埃拉歌剧院。据统计,1832—1885年萨尔苏埃拉剧作家有400多人,作曲家有200多人。20世纪中叶,萨尔苏埃拉一些优秀剧目还在国外巡回演出,但新作和创意很少。有人把萨尔苏埃拉比做中国的京剧。来到西班牙观赏一场萨尔苏埃拉不失为一次真正意义上的艺术享受。

民风民俗

1. 丰富多彩的民间节日

西班牙人性格开朗，能歌善舞，民间节日之多，居欧洲之首。西班牙人还喜欢"桥"。比如，星期四过节，星期五便过"桥"，一直休息到星期日。西班牙许多节日带有浓厚的宗教色彩，每个城市甚至村镇都有自己的守护神。守护神的祭祀日，就是当地的节日，城民都要举行宗教游行等活动。据不完全统计，除了10月12日国庆节、元旦、12月6日宪法日、五一国际劳动节等官方节日外，全国有上千个民间节日。

巴塞罗那节庆

三圣节（1月6日）

1月6日是西班牙传统节日——三圣节。这是一个纪念耶稣出生的儿童节日。传说耶稣出生后，来自东方的三位圣人带着金子、香和药材等礼物来朝见圣婴，后来演变成儿童们的节日。这一天，在马德里和其他大城市，三位身着节日盛装的圣人乘着圣诞车，向沿街行人特别是儿童散发糖果。有时，三位圣人还来到孩子们家里，向他们赠送糖果和礼物。因此，三圣节实际上是儿童们最期盼的节日。

狂欢节（2月）

每年2月，在加的斯、特内里费、拉斯帕尔马斯等城市举办狂欢节。节日期间，市民涌上街头，漂亮女郎穿着色彩艳丽的衣服，英俊的小伙子穿着民族服装，男女青年载歌载舞，全城笼罩着欢乐的气氛。人们还展示各种滑稽可笑或令人恐怖的假面具，如小丑、纸人、怪兽和恶魔等。加的斯街头乐队的滑稽表演，特内里费的烟花，卡塞雷斯焚烧恶魔活动都是节日中最具吸引力的场面。

复活节

复活节是纪念耶稣遇难后又复活的节日。传说耶稣被钉在十字架

三圣节

三圣节

狂欢节

上，死后第三天身体复活，故得此名。具体日期在春分月圆后的第一个星期日，如果月圆那天正好是星期日，便顺延一周。因此，每年的复活节可能在3月22日至4月25日之间的任何一天。西班牙复活节活动丰富多彩，规模也很大，吸引着许多外国游客前来观赏。从复活节第一天开始，大小城镇陆续举行宗教游行，信教者穿着宗教服装，头顶尖帽，扛着被钉在十字架上的耶稣像，沿着城里大街小巷缓缓行进，表示对耶稣的悼念。塞维利亚、萨莫拉、马拉加等南方城市的活动规模大，气氛热烈而隆重，享誉世界。在塞维利亚，复活节这一天男人穿黑色西服扎领带，女人穿着黑裙束黑纱发髻，庄重而严肃，手持棕榈叶，缓步行进。神父统统出动，教徒们扛着耶稣像缓缓行进，街道两旁挤满观众，最后到达塞维利亚大教堂，结束游行。

巴伦西亚珐琊节（3月12—19日）

每年3月12至19日，巴伦西亚城民都要欢度自己的传统节日——珐琊节。这个有着浓厚宗教色彩的节日起源于中世纪。那时，每年3月19日勤劳的木匠们都要把一年做工留下来的残品堆积到大街上烧掉，以祭祀巴伦西亚守护神——圣何塞，祈求上帝在新的一年里赐予他们更幸福美好的生活。后来人们开始制作一些模拟像作祭礼。到17世纪，这种宗教活动盛极一时，模拟像做得越来越多，越来越精美，其中大部分以《圣经》和宗教神话故事为题材，造型艺术也十分讲究，发展到今天已成为展现巴伦西亚人民智慧和才艺的欢庆节日。每年元旦过后，雕塑大师和民间能工巧

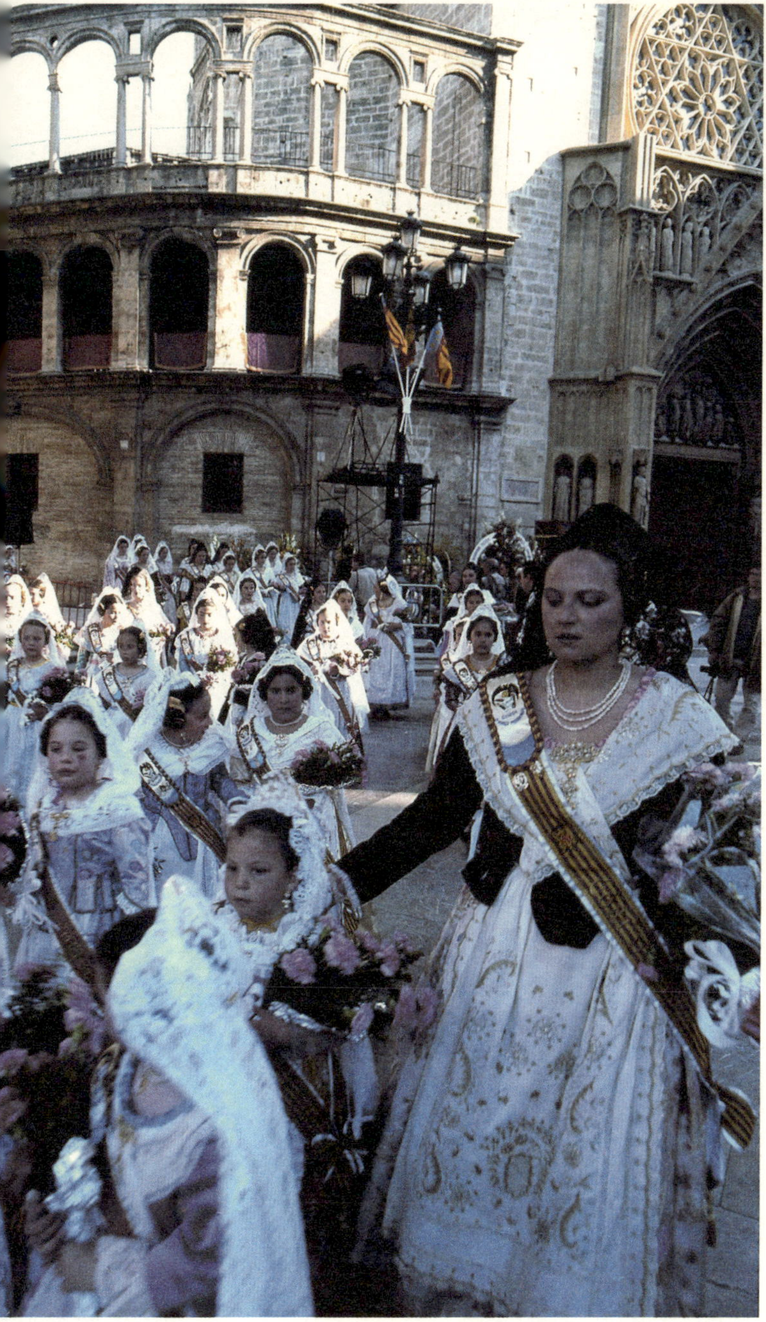

匠们便忙碌起来，开始为珐琅节准备艺术创作。这些模拟像用木头和马粪纸做成，题材广泛，反映人民的宗教、生活和劳动。每年国内外政坛风云人物也被做成模拟像与观众见面，这些作品大都是用漫画形式表现的，具有强烈的幽默感和艺术魅力。3月12日，数百个题材不同的模拟像开始在广场和大街上展出，国内外游客纷至沓来，尽情观赏。19日，这些精美的作品集中在市政广场。到了晚上，广场灯火辉煌，大街小巷，张灯结彩，男女老少穿着节日的服装，成群结队，观赏并最后告别这些精美的作品。按照传统，评委会要公布评选结果，独占鳌头的一件将被放到市博物馆永久收藏和展出，其余的全部烧掉。深夜，堆积在广场的几百件艺术作品被点燃，顿时火光冲天，人声沸腾，鞭炮齐鸣。节日期间，全城还举行斗牛表演、化装游行和大型音乐会。

塞维利亚交易会

塞维利亚交易会（4月）

19世纪初，塞维利亚已经出现了牲畜集市交易。1845年4月，塞维利亚市政府决定每年圣周过后举办一次交易会。此后，交易会成为塞维利亚的一个重要节日。节日期间，市民穿着富有民族特色的服装，骑着骏马，还有的人乘坐华丽的马车，漫游街头。市政府还举办斗牛和弗拉门戈表演，并单独辟出一块地方，搭建起各种别致的小木屋。白天，亲朋好友在这些小木屋里聚会，喝咖啡聊天。晚上，人们点起篝火，载歌载舞，开怀畅饮，通宵达旦。节日持续一周，全城始终洋溢着欢乐的气氛。

圣乔治节（4月23日）

圣乔治节是以加泰罗尼亚守护神圣乔治命名的节日，最早源于贵族向女人献玫瑰花的习俗。1923年4月23日又成为加泰

罗尼亚新书展日。佛朗哥独裁时期一度被禁止，20世纪50年代又重新恢复，此后节日期间又增添了新的活动内容，情人之间互赠礼物，倾诉爱情。男青年向女青年赠送玫瑰花，女青年向男青年赠送新书。这一天，巴塞罗那全城节日气氛尤其浓厚，在兰布拉大街摆满新书摊位，在加泰罗尼亚自治区政府院内还举办玫瑰花展，供人观赏。1995年联合国教科文组织将4月23日定为世界图书日。

圣胡安节（6月24日）

圣胡安节类似于中国的夏至。每年6月24日加泰罗尼亚等北方地区都有过夏至节的传统，6月23日晚举行祭祀活动。人们在街道和广场点起篝火，表示给予太阳更大的能量。节日期间还燃放烟花爆竹，演奏民族乐曲，在火光和乐曲中载歌载舞，通宵欢庆，最后大家共享晚餐。

西班牙圣胡安节

圣费尔明奔牛节（7月6日）

每年7月6日，潘普洛纳城民举行各种活动纪念守护神——圣费尔明。中午12时，在市政大楼阳台点燃爆竹，宣布节日正式开始。自7月7日起，每天都举行一场斗牛表演。从圣多明各牛栏到斗牛场的距离是849米，牛群要奔跑3分钟左右。清晨，仅有19万人口的小城，市民倾城出动，成群结队的青年集结在圣多明各牛栏外，狭窄的街道早就被挤得水泄不通，人们焦急地等待观赏最壮观的一幕。早就被关在牛栏里的六头彪悍公牛也已经急不可待，跃跃欲试，随时都想冲出牛栏。当牛群从牛栏冲出后，人群立即被冲散。勇敢的青年小伙子们身着白色上衣和黑色长裤，颈系红绸巾，腰缠红绸带，手拿一份卷起的报纸，加速向前跑去，牛群在后面穷追不舍，顿时险象环生。许多人因来不及躲闪，被牛顶倒，锋利的牛角会把人刺伤，或抛出十几米远。反应灵敏的青年会躲开牛的攻击，逃过一劫。一路上呐喊声、惊叹声此起彼伏，给人以强烈刺激。牛群进入斗牛场后便开始精彩的斗牛表演。14日，全城举行最后一场奔牛和斗牛表演，节日宣告结束。奔牛是一种十分危险的活动，每年都有人被牛刺伤，甚至被刺死。可是每逢节日，不仅西班牙人云集潘普洛纳参加这种带有极大风险的活动，成千上万的外国游客也慕名而至。节日期间，还举行音乐会、歌舞等文艺演出活动。起初，奔牛节在每年10月举行，因潘普洛纳秋季气候恶劣，便提前到每年7月。今天的斗牛节已

奔牛节斗牛士

番茄节

经成为西班牙的一张旅游名片,从一个小镇的节日演变成世界共享的富有刺激性的欢快节日。

番茄节(8月的最后一个星期三)

每年8月的最后一个星期三,在巴伦西亚地区的布尼奥尔小镇都要举行一年一度的番茄节,也叫"番茄大战"。番茄节始于1945年,传说那时候有一支小乐队在街头表演,其中一个演奏者将他吹的喇叭翘到天上,游人将番茄扔到他的喇叭里,在场的人纷纷仿效。后来,渐渐演变成"番茄大战",成为全城市民参加的一个节日。节日期间,满载着番茄的卡车开上街头,男女老少倾城出动,以番茄为"武器",你追我赶,互相投掷。游戏结束后,街道被番茄酱染成一片红色,人们也从中找到了乐趣。近年来,"番茄大战"名声不胫而走,远近闻名,吸引了大量国内外游客来到这个小镇共享欢乐。参加番茄节能使人忘掉烦恼,减轻心中压抑,仿佛回到童年时代。2002年,西班牙政府将"番茄节"列入国家文化遗产。

加泰罗尼亚日(9月11日)

1714年9月11日,费利佩五世的军队攻陷巴塞罗那城,加泰罗尼亚地区政府机构被解散。1980年,加泰罗尼亚议会决定每年的9月11日为加泰罗尼亚日。这一天，官方举行象征性的纪念活动。街道挂加泰罗尼亚旗，祭奠战争中牺牲的英雄，在广场和街道还举行人塔表演比赛。

万圣节（11月1日）

万圣节类似于中国的清明节。这一天，人们通过扫墓、献花等各种形式对故去的亲人表示悼念，寄托哀思。

圣诞节（12月25日）

西班牙庆祝圣诞节十分隆重且时间很长，宗教和家庭气氛浓厚。节日期间，到处张灯结彩，布满圣诞树，家家布置"圣诞景"，重现耶稣诞生时的场面。全国大城小镇早早笼罩着一片节日的气氛。从12月22日至次年1月6日连续举行各种纪念活动。22日全国举行圣诞彩票大开奖，24日平安夜是家庭团聚的好日子。这天晚上，全家在一起共享晚餐，互赠礼物。圣诞节这一天是笃信天主教人参加宗教活动的日子，他们要到教堂做弥撒，祈祷上帝保佑全家平安，岁岁平安。节日期间，大人小孩都要吃杏仁糖、巧克力和饴糖。1月6日，全国庆祝三圣节，标志着圣诞节结束。

圣诞节

2. 热情奔放的西班牙人

　　西班牙人热情好客、浪漫奔放，富有幽默感。同西班牙人接触颇有一见如故之感。在西班牙人独特的性格中既有法国人的浪漫色彩，又略带英国人的绅士风度；既有阿拉伯人的那种纯朴，又富有拉丁美洲人民的那种奔放和激情。西班牙人有自己独特的人生观和生活习惯。他们是乐天派，热爱生活，很会享受生活中的丰富多彩。他们的收入和生活水平虽然存在差异，迄今仍然保留贵族爵位，但不同阶层和不同收入的人群之间是平等的，富豪不会鄙视低薪阶层，而收入低的人对富人也很少有嫉妒和仇富心理，他们各自过自己的生活，各享其乐。到了偏僻的农村，你会发现那里有一种平静祥和的气息，他们

人文地理

西班牙布拉瓦海岸

仍保持着祖祖辈辈传承下来的处世态度,安于现状,过着一种休闲放松的生活,远离城市的喧嚣和紧张的生活节奏。这从另一个侧面反映出西班牙人不管是否富有,他们都向往自由自在、无拘无束的潇洒生活。在城市里也是如此,他们有自己的私人空间,不喜欢别人打扰自己的生活。西班牙人是一个乐观向上的民族,即使国家经济不景气,收入水平降低,但周末和假期依旧外出旅游度假。年轻人的生活方式更是新潮,晚婚、丁克是一种社会潮流,这是最近几年西班牙人口呈负增长的原因之一。

西班牙是礼仪之邦,人们十分讲究礼节。他们自己的生活

西班牙人

人文地理

虽然很随意，但对朋友和客人却十分热情，彬彬有礼。来到西班牙会有一种宾至如归之感。相识后，他们会热情邀请你到家里做客。西班牙人热衷社交活动，无论是官方还是民间的，只要出席这些活动都很容易认识和结交朋友，包括贵族、明星、官员，他们就像朋友一样与你打招呼、问候和寒暄。

西班牙人性格开朗，助人为乐，很少有排外思想。当你驱车旅行或在城里漫步向西班牙朋友问路时，他们都会热情地给你指路，有时干脆陪你到达目的地，让人真正体会到西班牙人的热情好客。如果你能用简单的西班牙语问路，对方立即会表现出一种惊讶，开始与你侃侃而谈了，这在其他欧洲国家实属罕见。到马德里、巴塞罗那、塞维利亚、巴伦西亚等大城市旅游，有机会最好乘几次公交车、地铁或出租车，可以亲眼目睹并发现西班牙人的一些良好习惯。如果你乘出租车，主动与司机交谈，他们会滔滔不绝，足球、名人、政治、社会都是交谈的话题。到达目的地，司机都会主动先下车，帮助你把行李从后备箱取出，然后说声"谢谢"、"再见"。有些司机年龄很大了，但他们也会这样做，从不怠慢客人。这种礼貌待人确实让人感动。西班牙人还有搭便车的习惯。在高速公路旁经常会看到有人伸出手并翘起大拇指，那便是搭便车的人。热情的司机会捎上他们一段路，而且分文不收。

西班牙人很遵守公德，这与家庭教育和社会风气有很大关系。在地铁和公交车上，你从不会听到广播里劝人让座的生硬宣传，但给需要帮助的人让座是司空见惯的事情。他们这种礼让完全出于自觉，做得那么自然，那是对别人发自内心的一种尊重。至于在车上抢座位会被人鄙视，惹得众目睽睽，让人陷入十分尴尬的境地。西班牙人自尊心很强，尊重他人，也希望得到别人的尊重。特别是在公共场所，他们十分遵守纪律，购物、等车排队已经形成习惯，显得十分有耐心、有修养，但他们却不允许别人侵犯自己的利益。购物、等车时看到个别人插队，他们会当场指责。他们认为插队是对自己的不尊重，是不道德的行为。又如，你如果驾车打手机，马上会有人鸣喇叭或打开窗户善意地提醒你不要打手机。西班牙人虽然十分健谈，喜欢聊天，但也很讲究场合，咖啡馆和大众化餐馆通常是人们聊天的场所，而且一聊就是几个小时，余兴不减，但去影剧院却严守会场秩序，很少迟到或早退。

西班牙人以酒吧文化而著称。酒吧是西班牙人每天都要光

悠闲的西班牙人

顾的地方，在那里喝酒聊天，议论天下大事，各抒己见，表达意见十分坦率，有时争论得面红耳赤，但从不会伤害感情。

西班牙人的作息时间很特别，因为爱泡酒吧而睡得很晚。政府机关一般上午十点对外办公，午饭在下午两三点，晚饭九点至十一点，有时到凌晨十二点才结束。早餐和午餐一般在酒吧和餐馆用，就餐时喜欢喝红酒或啤酒。宴会、酒会和招待会一般在下午两点或晚九点开始，持续的时间很长。西班牙商店营业时间从上午九点半至十点，中午一点半或两点开始休息，下午四点半或五点开业，晚八点半或九点闭店。

朋友之间聚会或用餐通常是轮流做东，例如第一次是甲方付费，第二次则乙方自动付费，以此类推。有时大家提前把钱凑齐，餐后付款，彼此并不感到尴尬。特别是年轻人之间，在餐馆吃饭一般是AA制。

西班牙人保持传统的家庭观念，讲究孝道，尊重妇女，节假日经常举行家宴，几代人团聚在一起，不喜欢客人造访。西班牙人的业余文化生活十分丰富，电影和歌剧院、斗牛、音乐会、博览会都是他们经常光顾的地方。西班牙人喜欢旅游，每逢节假日，马德里、巴塞罗那等大城市顿时成为空城，大部分

西班牙就餐

西班牙就餐

人都外出旅游。西班牙人喜欢喝红酒,但很少酗酒。在宴会上从不劝酒,仅在宴会开始和结束时干杯祝福。西班牙人有读书的习惯,在地铁、公交车、飞机、火车等公共场所都会看到他们在安静地读书看报。西班牙人有互赠礼品的习惯,但以赠送纪念品为主,如画册、书、小手工艺品、红酒等,并喜欢当场将礼盒打开,受礼者向赠礼者表示喜欢和感谢,并适时回赠。初次认识或做客,一般要主动赞扬客人家里漂亮、舒适,热情好客的主人会陪你参观家具、摆设和一些工艺品,但一般不会让客人进卧室。宴会结束后,主人会请客人到客厅继续叙谈。客人应适时主动提出退席,以免影响主人休息。西班牙人有午睡的习惯,午饭后一般要午睡小憩,闭目养神。他们在正式社交场合与客人见面时,行握手礼。朋友之间男士互相拥抱,女士之间互施吻面礼。主客之间虽是异性，如彼此很熟悉，也可施吻面礼。

在官方和社会交往中，不宜问及对方身世、宗教信仰、政治倾向、个人收入、婚姻状况和其他个人隐私。初次见面，可多说友好的话，如交谈融洽，男士之间可以谈谈家庭，对方一般不忌讳，但如对方是女性，不宜问及家庭，更不能问及年龄。否则，会引起对方的不愉快，甚至误会。如果对方主动谈及家庭，可以简单自我介绍，也可问及对方。

西班牙人衣着比较讲究，注重区分场合。出席官方和正式活动对着装要求也十分严格，如参加会谈、招待会、宴会、观看歌舞剧、音乐会等，应穿正式服装。观看足球、网球和斗牛等可以穿便装。主人举行正式活动一般都会发请柬，并在请柬左下角注明对服装的要求。晚间活动一般穿深色服装、黑皮

鞋，女士穿长裙。

出席官方等正式活动应严格守时。重大活动，主办方会请客人提前到场，但一般性活动如大型招待会到场时间可以提前或稍晚到场，一般掌握在提前不超过五分钟，晚到不超过十分钟。观看歌舞剧和一些隆重演出，应准时或提前入场，如果迟到会被服务员拒之门外，必须等到幕间休息才会允许进场。观看节目时，不能说话，更不能喧哗和吃零食，否则会引起观众不满。在西班牙大城市中，有许多社会名流参加的会员制俱乐部，参加这一类俱乐部的活动应着正装。在一些剧院和高档俱乐部，服务台备有西装和领带，如果客人着装不合乎要求，服务员会为你免费提供适合你身材的西装和领带，但对女士一般不提供这种服务。

公共场合

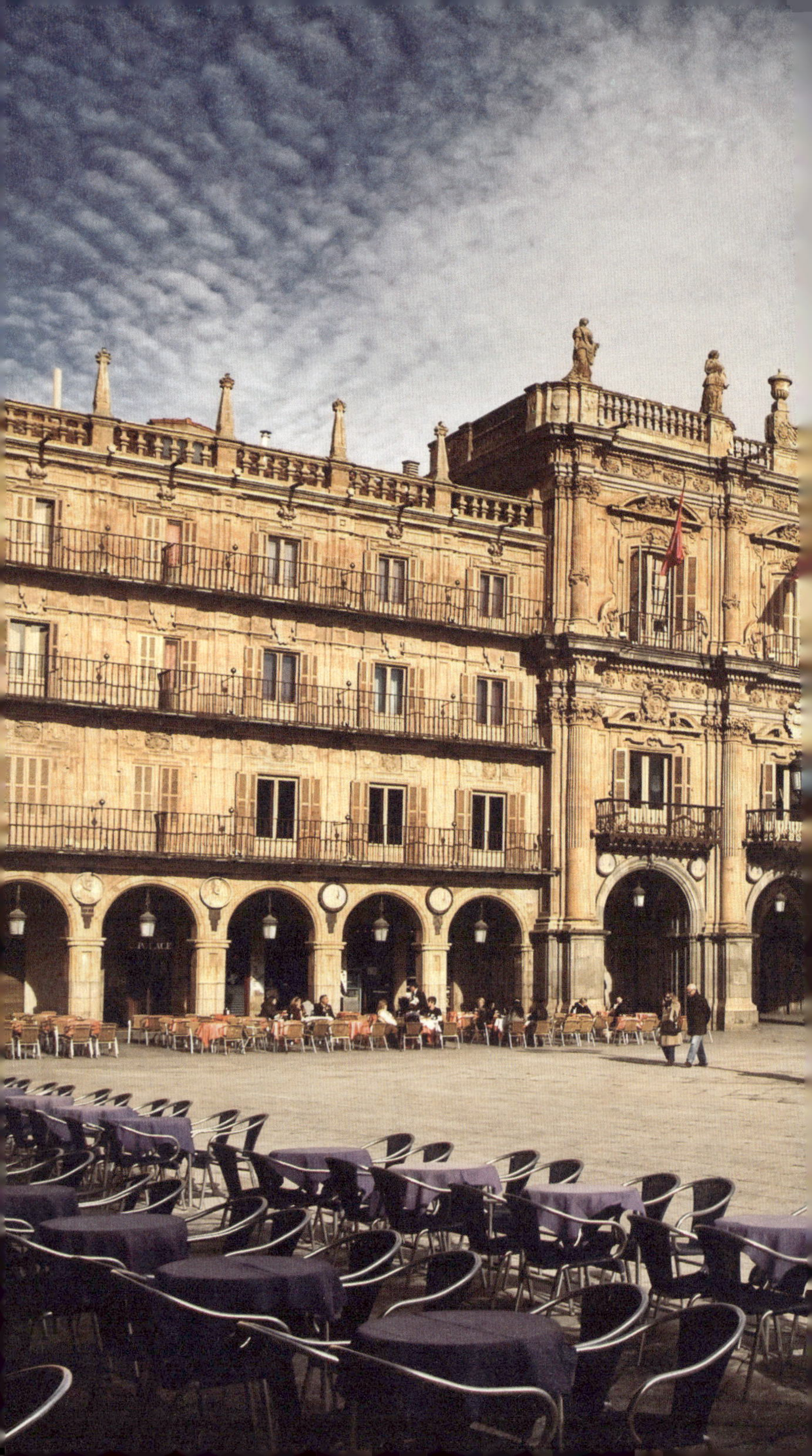

萨拉曼卡马约尔广场

城市介绍

西班牙是世界最大的造船国之一,也是最大的汽车生产国之一。这里不仅拥有十分发达的制造业,同时这里也因气候温和,阳光明媚,风景绮丽而旅游业发达。这里的每个城市都各具特色,可谓是名副其实的"旅游王国"。

马德里西贝雷斯广场

1. 马德里

马德里是西班牙首都，同名省省会，位于伊比利亚半岛中部梅塞塔高原。马德里城史可追溯到旧石器时代，曾经历罗马帝国、西哥特王国统治。公元710年，阿拉伯人占领了这座小镇，起名为马格里特，埃米尔·穆罕默德下令在今日的王宫附近修建了一座城堡，后演变成今日的城名马德里。在阿拉伯统治时期，以卡斯蒂利亚王国和阿拉贡王国为代表的基督教徒一直坚持反抗阿拉伯统治的收复失地运动。马德里光复后，恩里克三世将城堡作为他的行宫，并进行了扩建。1475年，天主教双王下令拆除城墙。1561年，费利佩二世定都马德里，开始大规模建设，确立了马德里的雏形。18世纪，波旁王朝历代君主都大兴土木，这个时期兴建的王宫（亦称东方宫）堪称小凡尔赛宫，阿尔卡拉门可与巴黎凯旋门相媲美；普拉多画宫与巴黎卢

浮宫齐名,在建筑风格上也极为相似。1808年,拿破仑下令入侵西班牙,马德里沦陷,城区遭到严重破坏。

在人类文明历史长河中,马德里称得上是一颗璀璨明珠。这块古老而肥沃的土地哺育的艺术家灿若繁星,他们为后人留下的艺术瑰宝不计其数。马德里又是一座充满现代气息的城市,是西班牙的文明象征。作为首都和马德里自治区首府,全国政治、经济和文化中心,马德里永远迈着时代的步伐不停地前进,那些标志性现代化建筑代表着这座城市充满无限生机和活力,保护完好的众多名胜古迹又赋予这座城市丰厚的文化底蕴。据统计,全市有拱门1000个,教堂500座,大小广场300个,各种博物馆80座,还有上百座大大小小的雕塑像坐落在大街小巷。到过马德里的人都会异口同声地赞叹,这是一座充满现代和古老文化气息的城市,是一座令人陶醉而又振奋的城市,是一座引人入胜、让人流连忘返的城市。

马德里太阳门广场

巴塞罗那

2. 巴塞罗那

美丽滨城巴塞罗那位于西班牙东北部，加泰罗尼亚自治区首府，同名省省会，世界文化名城，享有"欧洲之花"之美誉。

巴塞罗那历史悠久。公元前2000—公元前1500年，也就是新石器时代这里就有人类居住，公元前7世纪出现了原始村落，村民是拉耶塔诺人。据记载，第二次布匿战争期间（公元前218—公元前201年），迦太基首领哈米尔卡·巴卡（汉尼拔的父亲）占领了城堡，起名巴萨。罗马人打败了迦太基人后，占领了巴萨，后在罗马帝国出版的地图中出现了"巴西诺"这个名字。2世纪，罗马人在这里修筑城堡，开展商贸活动。3世纪，人口达1万之多。5世纪，西哥特人曾把巴塞罗那作为首都，后迁至托莱多。8世纪，阿拉伯人占领该城。公元801年，查理大帝占领了巴塞罗那，后在周围出现了几个伯爵国，属加洛林王朝管辖。公元812年，科尔多瓦王朝军队攻打北方地区，巴塞罗那伯爵国与赫罗纳伯爵国联合作战抗击阿拉伯入侵。公元985年，曼苏尔的军队将该城洗劫一空，博雷尔二世收复该城后进行重建，逐渐繁荣。13—14世纪，巴塞罗那商贸活动迅速发展，成为地中海地区重要商埠。1479年，卡斯蒂利亚王国与阿拉贡王国合并，加泰罗尼亚地区政局混乱，巴塞罗那经济开始衰退。1702年继承战争爆发，1705年费利佩五世攻打巴塞罗那失败。19世纪，西班牙爆发工业革命，巴塞罗那纺织工业迅速发展。

巴塞罗那又是一座现代化的城市，充满着生机和活力。1992年成功举办了第25届夏季奥运会，为这座城市增添了不少光彩，而享有极高声誉的巴塞罗那足球俱乐部一直是全体市民的骄傲。当然，令巴塞罗那人民感到自豪的还有很多悠久的历史和文化，众多的名胜古迹，绚丽多彩的建筑艺术，这些都是巴塞罗那市民所引以为自豪的。的确，凡是到过巴塞罗那的人无不被这座城市丰富多彩的文化所折服。这座城市被联合国教科文组织列入世界文化遗产名录的名胜就有九处。现代化的气息，美丽的海岸，诱人的自然风光和宜人的气候，使这座滨城被誉为镶嵌在地中海的一颗璀璨明珠。巴塞罗那人民热情友好，近几年越来越多的游客来此旅游，亲眼目睹了这座城市的秀丽风光和灿烂文化，亲身感受这个伟大民族的激情和创造力。每年来巴塞罗那旅游观光的各国游客络绎不绝，据统计，2012年接待外国游客达1035万。

米拉之家

巴塞罗那奥林匹克体育场

3. 托莱多

千年古城托莱多是同名省省会，卡斯蒂利亚-拉曼恰自治区首府。托莱多城北有两道城墙，当你站在城墙上眺望着奔流不息的塔霍河，环顾四周的绿山秀水，立即会明白为什么历朝历代的君主们把这座小城作为他们的统治中心。托莱多位于塔霍河河岸，城的东、南、西三面被塔霍河环抱，地势险要，能攻易守，是一道天然屏障，兵家必争之地。在跌宕起伏的西班牙历史长河中，托莱多扮演了重要角色，这座城市的变迁和兴衰都与这个古老国家的命运紧密地联系在一起。

公元前192年被罗马帝国占领和统治，起名叫托莱图姆，公元418年被西哥特人占领，公元527年第二次主教大会在托莱多举行，成为全国宗教中心，公元569年成为西哥特王国首都，公元711年被阿拉伯军队攻陷。1085年，卡斯蒂利亚王国阿方索六世打败了阿拉伯军队，收复了托莱多并在此定都，下令保护当地居民的生活习俗、宗教信仰和文化遗迹，允许信仰自由，禁止对异教徒进行迫害。这项开明政策使基督教、伊斯兰教和犹太教三种宗教和文化得以共存。此后，历代君主均实行这一宽容和明智政策，从而使托莱多成为世界著名的三元文化城。1226年费尔南多三世下令修建大教堂，1561年费利佩二世迁都马德里，托莱多从此衰落。

托莱多曾是全国重要的军火生产基地，至今手工制作的刀、枪、剑、匕首等手工艺品闻名于世，雕塑、金属和镶嵌制品十分精美。全城手工艺品商店比比皆是，销往世界各地。作为国家文物保护单位，大街小巷和古老建筑经历上千年风风雨雨，迄今仍保留着原有的古风古貌。城里有保存完好的哥特式、阿拉伯式、巴洛克式和新古典式宫殿、天主教堂、清真寺、犹太教堂、修道院、城墙和博物馆等70座古建筑。整个城市堪称是一个巨大的博物馆。漫步在城里狭窄幽静、蜿蜒曲折的街道上，踏着小石块垒砌的路面，当托莱多大教堂的钟声在耳边响起，仿佛回到了中世纪。再看那些旅馆、酒店、酒吧、商店，鳞次栉比，给这座城市增添了许多文化气息和活力。城里几乎见不到高楼大厦，独具特色的民宅散布在城里的每一个角落，使这座城市仍然保留着中世纪古朴典雅和不落俗套的时代特征。

这里的每座建筑，栋栋宅院，公共设施，甚至门框、阳台、墙面的装饰和色彩都凝聚着历代艺术家和能工巧匠们的丰富想象力和创造力，经过千年洗礼，今天仍然放射着灿烂的光辉，两千多年的历史和文化给这座城市披上了神秘的面纱。游人来到托莱多为的是亲眼目睹这座城市的包容精神和多元文化，在这厚重文化积淀中不仅可以得到美的享受，而且还可以得到启迪和感悟。1987年，托莱多被联合国教科文组织列入世界历史文化名城。

托莱多

巴伦西亚科学艺术城

4. 巴伦西亚

　　巴伦西亚是同名自治区首府和省会，位于图里亚河畔，人口79.8万（2011年统计），全国第三大城市。希腊人最早来到这里，起名为"图利斯"。公元前138年，罗马帝国在此建立统治，起名"巴伦蒂亚"。奥古斯都统治时期，该城经济和文化一度繁荣。公元413年，西哥特人开始统治该城。阿拉伯人统治时期，巴伦西亚成为摩尔王国首府，经济和文化发展很快，其辖区面积不断扩大，北到埃布罗河，南至塞古拉河。1096年，罗德里戈·迪亚斯·德比瓦尔，即威震沙场的熙德率军攻陷该城。1238年，阿拉贡王国海梅一世占领该城后把土地分给在战争中支持他的大贵族，并颁布了《巴伦西亚历史权力法》。18世纪，费利佩五世废除《巴伦西亚历史权力法》，理由是在西班牙继承战争中巴伦西亚王国站在奥地利一边。1808年拿破仑军队入侵西班牙，同年6月28日法国军队攻打巴伦西亚，1812年1月8日巴伦西亚陷落，1814年法国军队被驱逐出城。1936—1939年内战期间，巴伦西亚成为人民阵线所在地。1982年成立巴伦西亚自治区，首府设在巴伦西亚。目前，巴伦西亚

80%以上人口从事服务业，主要工业有制陶、钢铁等。但是为了改善和保护城市环境，仅有的工业已经迁移到郊区。

巴伦西亚是一座古老而又现代化的城市，风景秀丽，阳光充足，有一百千米绵长的海滩，天然浴场比比皆是。夏季游人络绎不绝，来到这里享受大自然赋予的新鲜空气，沐浴阳光。巴伦西亚又是一个花园般的城市，被誉为"花城"，清幽的园林，妩媚多姿，大街小巷，花圃草坪，满目葱茏，充满着诗情画意。这是一座有着厚重文化底蕴的城市，千百年来留下的各种风格的建筑代表着时代特征，齐全的现代文化设施给人们以丰厚、令游人难以拒绝的诱惑。艺术科学城是一座集文化、科学、艺术和娱乐为一体的综合性博物馆，拥有各种文化娱乐、体育、教育设施和科普中心、展览馆、水族馆、影剧院、公园等，功能十分齐全。巴伦西亚人民凭借自己勤劳的双手和聪明才智建起的这座美丽城市一直保留着千年古城的风韵，并充满着现代气息和蓬勃的活力。

巴伦西亚市政厅广场

5. 塞维利亚

塞维利亚是同名省省会，安达卢西亚自治区首府，人口70.3万。这座全国第四大城市位于伊比利亚半岛南部，瓜达尔吉维尔河下游，距加的斯海湾120千米，是西班牙唯一内河港口。塞维利亚与瓜达尔吉维尔河有不解之缘。瓜达尔吉维尔河是安达卢西亚人民的母亲河，她穿过塞维利亚市中心，以宽阔的胸怀汇流纳川，孕育了一片广袤肥沃的土地。塞维利亚人民祖祖辈辈在这块土地上耕耘，繁衍生息。是瓜达尔吉维尔河哺育了这座美丽的城市，赋予这座城市繁华、文明、梦想和诗情画意，给这座城市的人民带来福祉和欢乐。

塞维利亚是一座古老的城市，在西班牙历史上占有重要地位。远古时代，这里产生了塔尔特苏文化，后被迦太基人破坏。公元前206年，第二次布匿战争中罗马帝国打败了迦太基人，占领了西班牙，将该地起名为伊斯帕利。5世纪，西哥特人来到塞维利亚，使其成为西班牙的一个重镇。阿拉伯人统治时期，塞维利亚成为南部政治、经济和文化中心，留下了丰富的阿拉伯文化遗存。1248年，卡斯蒂利亚－阿拉贡王国费尔南多三世收复塞维利亚，修建了王宫。1477年，天主教双王到安达卢西亚地区巡视。为了统一国民的宗教信仰，进而在政治上实现国家统一，敕令在塞维利亚建立宗教法庭。在以后长达350年的时间里，宗教法庭成为镇压人民反抗的重要工具。1492年，航海家哥伦布发现美洲大陆，南美的大量黄金流入西班牙，塞维利亚成为通往欧洲、美洲的商埠和对外贸易重镇。1503年，天主教双王在塞维利亚成立"交易之家"，成为对南美洲丰富矿产和财富进行疯狂掠夺的机构。16世纪，塞维利亚进入鼎盛时期，成为西班牙最大的城市和欧洲商贸中心。西班牙历代君主在这里大兴土木，并吸取欧洲各国文化艺术精华，给后代人留下了大量珍贵的文化遗产。1992年，塞维利亚成功举办了世界博览会，110个国家和地区、23个国际组织和西班牙17个自治区参展，历时176天，观众达4000万人次。为举办这次世博会，西班牙兴建了从马德里到塞维利亚高速铁路，有力地推动了该城的经济、贸易和旅游事业的发展。昔日，塞维利亚如饥似渴地汲取世界文明的营养。今天，她又把自己古老文化和现代文明奉献给世界，热情迎接着来自四面八方的游客。

塞维利亚的修道院

塞维利亚黄金塔

人文地理

萨拉戈萨

6. 萨拉戈萨

　　萨拉戈萨是阿拉贡自治区首府，同名省省会，全国第五大城市，人口约67.4万，地理位置优越，坐落在埃布罗河畔，离马德里、巴塞罗那、毕尔巴鄂等大城市均300千米，是全国交通和通信枢纽。萨拉戈萨城史可追溯到伊比利亚人时期，当时城名叫萨尔杜巴。公元前23年，罗马皇帝奥古斯都在这里安营扎寨，起名凯撒·奥古斯塔，后来又被苏维汇人和西哥特人统治。公元716年，阿拉伯人占领该城，起名梅迪纳尔·萨拉古斯塔。1118年，阿拉贡王国阿方索一世夺回了该城并定都，从此进入经济文化繁荣时期。西班牙独立战争期间，萨拉戈萨城民拿起武器奋起抗击拿破仑军队入侵，捍卫自己的家园，有5万人壮烈牺牲，谱写了一部爱国主义不朽诗篇。悠久的历史和文化积淀使这座城市成为一座美丽和充满神奇的城市。埃布罗河穿过城中心，给这座城市带来得天独厚的自然条件，两岸现代化楼房鳞次栉比，街心公园点缀着繁华的马路，绿意盎然，与埃布罗河碧波相映成趣，给人以美的向往。

7. 科尔多瓦

科尔多瓦是安达卢西亚自治区第三大城市，同名省省会，人口约33万，位于科尔多瓦山脚下，瓜达尔吉维尔河畔。

科尔多瓦是罗马、阿拉伯和基督教三种文化交织在一起的古城。腓尼基人和迦太基人曾在此修筑城堡，开发这里肥沃的土地。公元152年，罗马帝国将西班牙分为两个行省，科尔多瓦为西班牙远省（即贝蒂卡省）省会。阿拉伯人统治时期，科尔多瓦哈里发统治大半个西班牙，其经济、文化、教育得到了快速发展，成为全国乃至欧洲学术研究和教育中心。阿卜杜·拉赫曼一世创建了科尔多瓦大学，哈卡姆二世热衷于人类精神崇尚，扩建了这所大学，亲自征集各种书籍，建立了大学图书馆。当时，全城布满了伊斯兰风格建筑，如清真寺、宫殿、学校、图书馆、医院、浴池等，大约有300多座。城市人口达70万，成为欧洲最大的城市。科尔多瓦被誉为

科尔多瓦

"教堂之城"。1235年,基督教徒开始攻打科尔多瓦。1236年费尔南多三世挥师攻陷该城,在被伊斯兰教徒毁坏的天主教堂废墟上又重建了14座教堂。这些教堂带有罗马神堂的风格,又具有卡斯蒂利亚哥特式建筑特征。除上述14座教堂外,全市还有12座不同规模的教堂,其中伊波利托教堂安葬着费尔南多四世等卡斯蒂利亚王国几位君主。1262年阿方索十世下令兴建了圣克拉拉修道院,1315年阿方索十一世下令兴建了一座犹太教堂,1328年他又下令兴建著名的基督教国王城堡。

科尔多瓦享有"花都"之美誉,摩尔式的庭院比比皆是,大街小巷,到处是花团锦簇,芬芳馥郁。到了科尔多瓦一定要到百花巷看看,这里有两座犹太教堂,是当年犹太人在这里居住的见证,另外还有一个斗牛博物馆和安达卢西亚之家博物馆。走进曲折狭窄的小巷,只见清一色白屋鳞次栉比,雪白的墙上挂着各式各样的花盆、花篮,天竺葵绚烂多彩,千姿百态,令人陶醉。每年五月,整个城市宛如一个盛开的天竺葵大花园。

科尔多瓦这座具有千年历史的古城至今仍然折射着各种文明的灿烂光辉,它已经成为西班牙乃至欧洲和世界的巨大精神财富。1984年,科尔多瓦老城区被联合国教科文组织列入世界历史文化名城。

科尔多瓦百花巷   科尔多瓦

格拉纳达阿兰布拉宫　　　　　格拉纳达城区

8. 格拉纳达

　　格拉纳达是同名省省会,人口约24万,位于安达卢西亚自治区东部,内瓦达山脚下,南边是赫尼尔河大平原,达罗河河水从城区地下穿过,左岸是著名的阿拉巴辛老区,巍峨庄严的阿兰布拉宫坐落在这里。格拉纳达在西班牙悠长的历史中占有重要地位,以丰厚的文化底蕴、诸多的古代建筑和美丽景色而著称。罗马帝国统治时期,该城叫伊利贝利斯,后被西哥特人所统治。1031年,科尔多瓦哈里发被天主教双王打败,后倭马亚王朝灭亡,阿拉伯许多诸侯国随之消亡,只有格拉纳达王朝还在苟延残喘。在后两个世纪中,格拉纳达先后被阿尔莫拉维德人和阿尔莫哈德柏柏尔人所统治,直到1241年穆哈默德一世在格拉纳达建立王国。1491年1月25日,格拉纳达王朝最后一位君主博阿布迪尔向卡斯蒂利亚王国投降。1492年1月2日,天主教双王率领基督教大军浩浩荡荡进入格拉纳达城,宣告格拉纳达王朝灭亡,结束了阿拉伯在西班牙长达八个世纪的统治,西班牙从此开始了一个新的历史时期。此后,历代君主大兴土木,格拉纳达经济和文化出现了空前繁荣。1570年,费利佩二世下令驱逐摩尔人,由此连续发生摩尔人暴乱,格拉纳达经济受到严重破坏。悠久的历史赋予这座城市许多宝贵的艺术财富,代表不同时代艺术风格的建筑比比皆是,阿拉伯风格的宫殿,基督教文艺复兴时期的建筑瑰宝,各种文化遗迹不胜枚举。

格拉纳达阿兰布拉宫

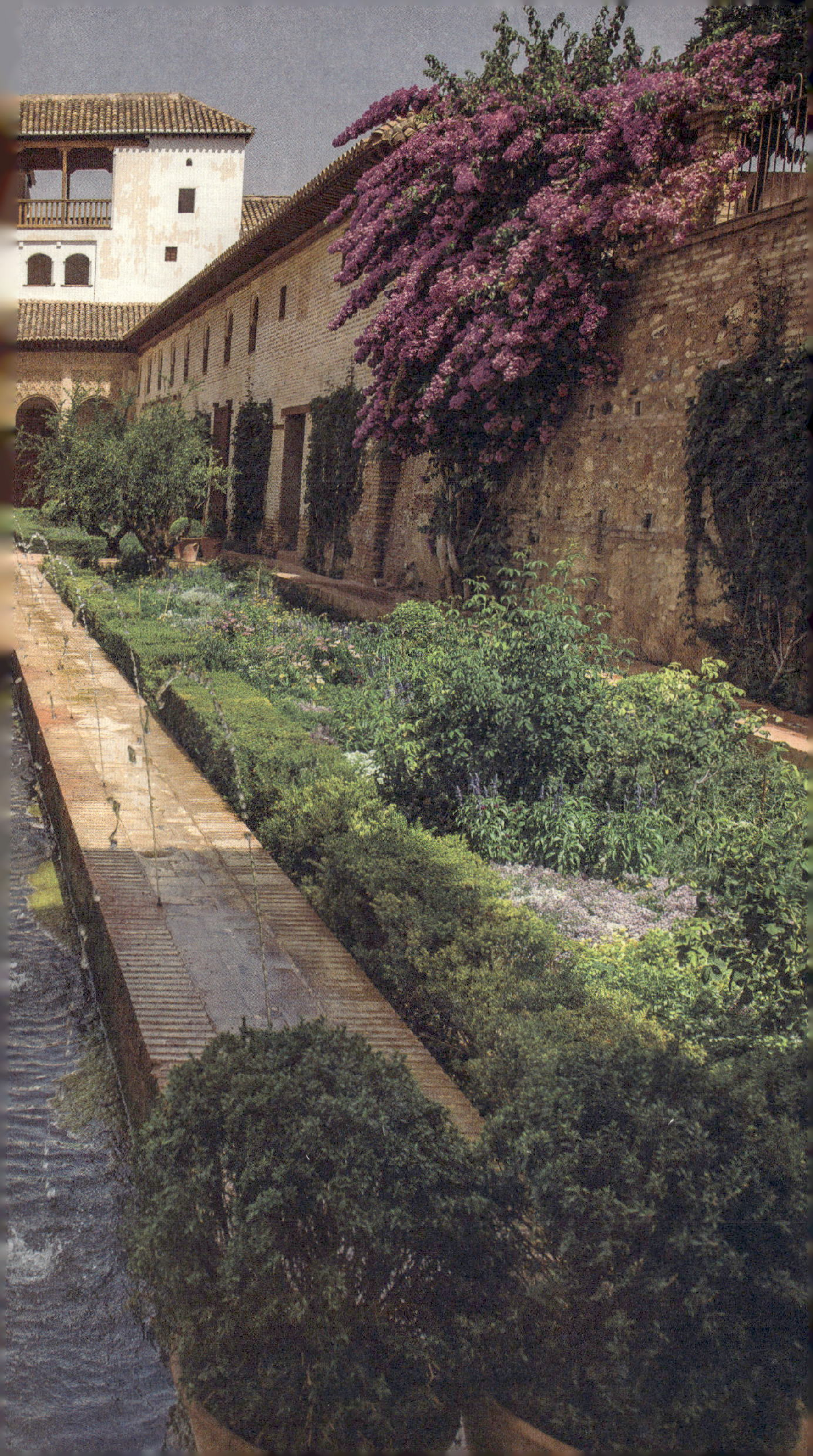

9. 马拉加

马拉加市是同名省省会，人口约44万，安达卢西亚自治区第三大城市，世界旅游胜地。

据史料记载，公元前9世纪希腊人曾来到这里从事商业活动，公元前6世纪马拉加成为腓尼基的殖民地，公元前573年被迦太基占领。罗马帝国占领西班牙后，把马拉加划归贝蒂卡省管辖。此后又被西哥特王国统治。8世纪，阿拉伯占领西班牙后，马拉加成为安达卢斯省的重镇。1487年8月，天主教双王率领的基督教大军用了整整两个月的时间才打败强大的纳扎里王朝军，收复了马拉加。为此，他们调动1.2万名骑兵，2.5万名步兵，8000名士兵做后备军，实行断粮断水的围剿战术，最后

攻下这座固若金汤的城堡。1931年，自由派在马拉加掀起了反对费尔南多七世专制主义运动，要求恢复1812年宪法。马拉加是西班牙最早实现工业革命的城市，与巴塞罗那齐名成为19世纪西班牙两个重要的工业基地。1931年第二共和政府成立，马拉加的一些古代建筑遭到破坏。

马拉加气候冷暖宜人，一年四季阳光明媚，年平均温度18℃左右。瓜达尔梅迪纳河和瓜达尔赫尔塞河穿过城区，给这座城市增添了许多活力。马拉加风景秀丽，有许多理想的海滩和海湾，加之政府长期开发保护这里的旅游资源，旅游设施十分完善，一年四季来自欧美的游客络绎不绝。马拉加有许多美称，如"天堂般的城市"、"太阳海岸的门户"、"南欧之都"等等。今天，马拉加已成为世界著名的旅游热点和国际交通枢纽。

马拉加阳光海岸

10. 塞哥维亚

阿尔卡萨城堡

塞哥维亚市是同名省省会，位于马德里省西北部，埃雷斯马和克拉莫雷斯两条河流之间，空中鸟瞰，酷似一条巨大的帆船，十分壮观。这是一座古老而又雅致的城市，城区多是蜿蜒曲折的狭窄街道，古色古香，优美宁静，别有一番韵味。塞哥维亚战略地位重要，历史上是兵家必争之地。早在公元前2世纪，凯尔特比利亚人就居住在这里。公元前218年，罗马帝国入侵西班牙，塞哥维亚成为抵御罗马入侵的重镇。公元前80年，罗马帝国攻占塞哥维亚，整个城堡被摧毁。由于塞哥维亚地势险要，是连接南北地区的重要通道，罗马人又重建了这座城堡，经济和商业随之兴旺起来。不过，西哥特王国和阿拉伯人统治时期，塞哥维亚又趋于衰落。卡斯蒂利亚王国从阿拉伯人手中夺回城堡后，又开始兴盛。1474年，就在这座城

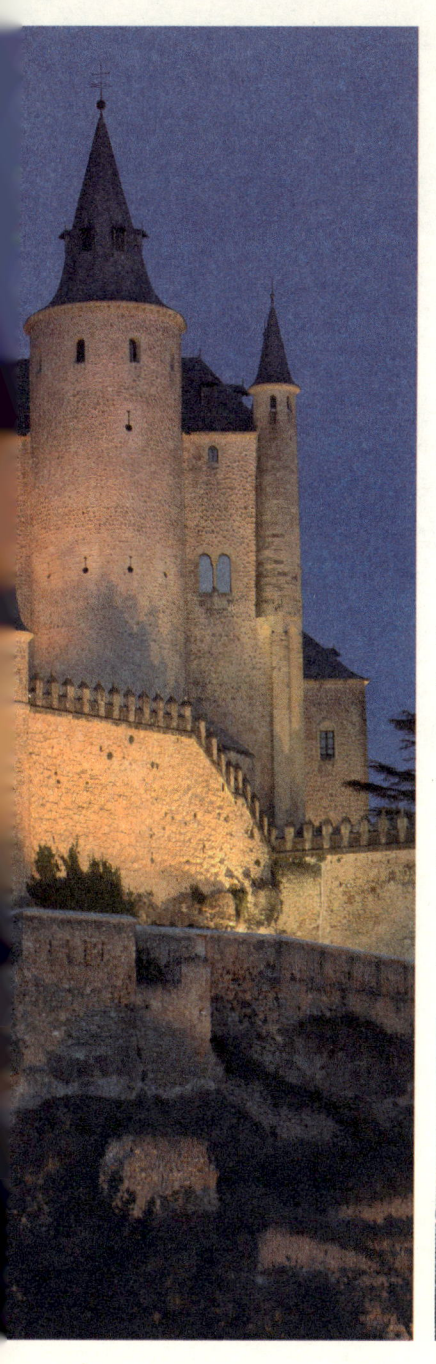

堡里宣布伊萨贝尔为卡斯蒂利亚王国女王,她的丈夫费尔南多二世也是在这座城堡宣誓忠于卡斯蒂利亚王国历史权力。1520年,爆发了塞哥维亚贵族反对卡洛斯一世的战争,塞哥维亚再次衰落。18世纪,卡洛斯三世在塞哥维亚建立了炮兵学院,又在附近修建了花园式的伊尔德方索王宫,恢复了昔日的风采。

塞哥维亚是一座包容的城市,基督教、犹太教和伊斯兰教文化长期共存。今天,当你漫步大街小巷,仍然能感受到那浓郁的文化气息。塞哥维亚人常以城中三大历史建筑而自豪,即罗马渡槽、古城堡和大教堂。1985年,塞哥维亚被联合国教科文组织列入世界文化遗产名录。

萨拉戈萨

主要名胜

在这个美丽的旅游王国之中,有古老的文化古城马德里,有风光旖旎的阳光海岸,还有被列为文化遗产的阿兰布拉宫、科尔多瓦历史中心等名胜,这个古老的地方,值得你静静地漫步于街头,享受阳光的洗礼。

阿兰布拉宫

1. 阿尔塔米拉岩洞窟

阿尔塔米拉岩洞窟是世界著名的旧石器晚期文化遗迹。1868年，一位牧民在北方桑提利亚纳·德马尔小镇附近偶然发现一个岩石洞穴，洞顶和岩壁上有红、黑、黄和深红色的野牛、野马和野鹿等动物。据考古学家考证，这些洞内的岩石壁画距今约有1.5万年。最大的一幅是洞顶上的群兽图，长15米，共20多幅兽像，其中有温顺胆怯的鹿群、被惊吓狂奔的野牛、脚踝纤细的野马和十分粗壮的野猪。这些动物姿态各异，栩栩如生，十分逼真。画面中还有向前奔跑的人群，手持各种武器追逐着狂奔的动物，真实地表现出人类狩猎的场面，使人们联想到当时人类在大自然里生存的勇气和拼搏精神。原始社会的画家们还懂得利用岩壁的凸凹不平来创造富有立体感的人物和

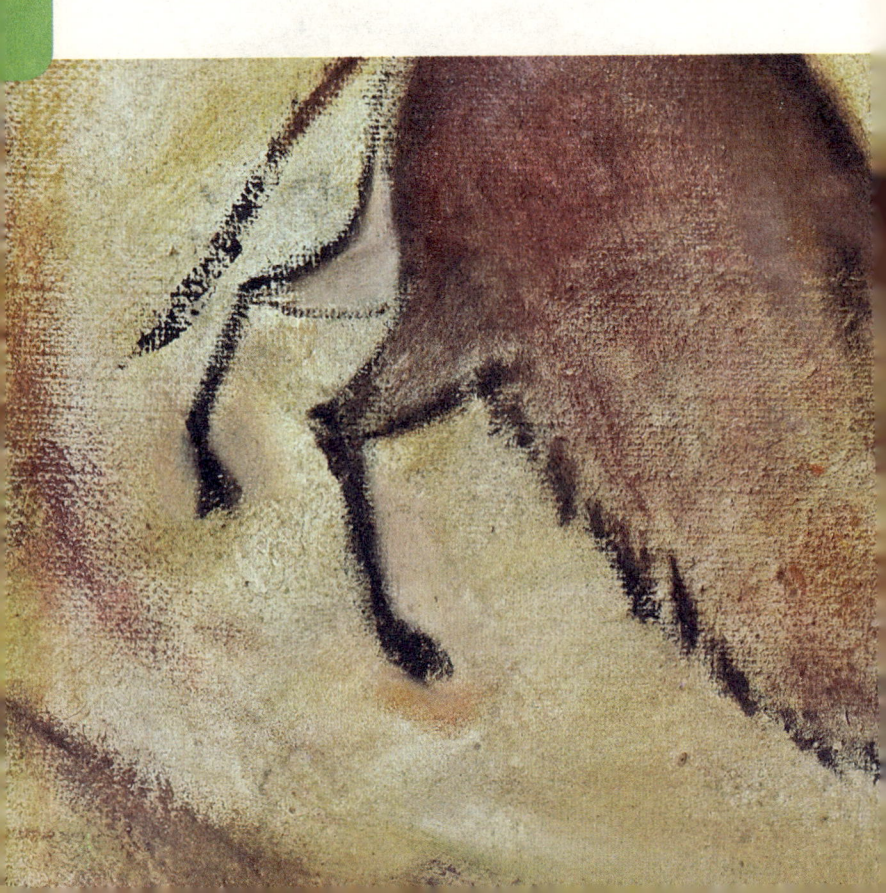

动物形象，展现了当时人类的审美意识。发现之初，世界上的一些学者曾对阿尔塔米拉岩洞窟的真实性发生过怀疑，经过反复考证才确定了它的年代。除了岩石壁画，洞内还发现了许多旧石器时期人类使用过的工具，如人工打磨的贝壳、削尖的骨器等等。洞内还有许多图腾，说明原始社会人类已经开始供奉神物，有了信仰。阿尔塔米拉岩洞窟具有难以估量的考古价值，发现之初就成为世界考古学家们的研究对象。今天，它已成为世界公认的旧石器晚期人类所创造的最珍贵和最有历史价值的艺术珍品。发现后，世界各地游客纷至沓来，一睹这块世界瑰宝。由于参观者与日俱增，为了保护这个珍贵的遗迹，原址已经被封闭保护起来，当地政府在附近建起了一座模拟洞穴供游人参观。1985年，阿尔塔米拉岩洞窟被联合国教科文组织列入世界文化遗产名录。

阿尔塔米拉岩洞壁画

2. 堂吉诃德之路

堂吉诃德雕像

凡是读过伟大的文学家塞万提斯的巨作《堂吉诃德》这部小说的读者，无不被书中的主人公堂吉诃德路见不平、拔刀相助的骑士侠义精神所感染，到西班牙走一趟堂吉诃德之路的兴趣也会油然而生。的确，塞万提斯本人就有许多神秘色彩，他曾参加过著名的勒班陀海战。在这次海战中他发着高烧，带病作战，身负重伤，左臂被截掉。在回国途中又被海盗绑架到阿尔及利亚，度过了五年的奴隶生活，最后以惊人的毅力熬过了这段非人的生活，获得自由后回到了自己的祖国，从此开始了文学创作。

迄今，研究《堂吉诃德》的西班牙专家们对堂吉诃德之路有着不同的看法。根据小说的描述，在堂吉诃德冒险的生涯中，大体行程2500千米是不争的事实。他分别从拉曼恰、阿拉贡和巴塞罗那三地出发，共经过30多个城镇，其中大部分冒险活动是在卡斯蒂利亚-拉曼恰地区。这一点似乎没有太大争议。今天，凭借这部小说的巨大影响，卡斯蒂利亚-拉曼恰自治区政府推出了一条堂吉诃德之路文化旅游路线。走在这条冒险之路上，人们能亲身体验到堂吉诃德当年的冒险经历，重现小说中他手持长矛，骑着瘦马，把风车当成巨人，大战风车惨烈而又可笑的场景。当你看到那些白色风叶的风车依然挺立在梅塞塔高原上，随风不停地旋转，自然会想起这位骑士滑稽可笑的举动。一路上白房红瓦、蓝天白云、风车和城堡组成一幅中世纪的美丽画卷，令人遐想无限。堂吉诃德曾从托莱多附近的康苏埃格拉小镇出发，开始了骑士冒险旅程。这个小镇也因此而远近闻名，今天已经成为旅游胜地。离这个小镇不远处，可以看到用黑色铁皮拼成的一座堂吉诃德塑像，他手持长矛，骑着他心爱的瘦马，整装待发，开始骑士的冒险生活。在托博索小镇还专门修建了一座堂吉诃德梦中情人杜尔西亚的故居。这是一座典型的拉曼恰中世纪平民居住的房屋，作坊、菜园、鸽子屋、卧室和前厅的家具都是仿造中世纪的风格。院内有一口水井，据说堂吉诃德的瘦马就是饮用这口井的水。他千辛万苦来到托博索就是为了寻找他的梦中情人杜尔西亚，并向她示爱。可惜的是作者没有安排他们见面，甚至杜尔西亚根本就不知道堂吉诃德深爱着她。从这一点来讲，作者有点不通人情。但作者恰恰是用这种手法表现了堂吉诃德的激情和执着的精神，反映出了西班牙人民的刚毅性格。作者还用犀利的笔锋对当时的统治阶级以无情的鞭挞和讽刺。驱车行驶在梅塞塔高原上，公路两旁的葡萄园、橄榄树、城堡、山丘历历在目，仿佛置身于中世纪的拉曼恰。

康苏埃格拉小镇

3. 圣地亚哥之路

圣地亚哥之路是一条享誉世界的文化旅游热线。如今到西班牙旅游的中国人日益增多，其中许多年轻人来到西班牙是为了徒步走一段圣地亚哥朝圣之路。虽然一路走下来很辛苦，还需要毅力和信念，但会有很多感悟。

在基督教世界中有三大圣地，即耶路撒冷、罗马和西班牙圣地亚哥·德孔布斯特拉。圣地亚哥之路有着深厚的历史和文化背景。传说在欧洲黑暗时代，耶稣十二门徒之一圣地亚哥在西班牙西北部的加利西亚地区传教布道七年，所以加利西亚人非常敬仰他。后来圣地亚哥回到耶路撒冷并在那里殉教。他去世后，弟子们将其遗骨运到他生前传教并钟爱的土地埋葬，故得名圣地亚哥·德孔布斯特拉，即现在朝圣之路的终点。当时由于战乱和十字军横行，基督教徒朝拜罗马和耶路撒冷沿途十分艰险，故许多人来到圣地亚哥·德孔布斯特拉朝拜，特别是12、13世纪，欧洲各国来此朝拜者络绎不绝。997年，后倭马亚王朝军队一度打到圣地亚哥·德孔布斯特拉，把这座圣城几乎摧毁。战争结束后，阿拉伯士兵押着基督教徒俘虏，扛着圣地亚哥大教堂的大钟徒步千里回到了科尔多瓦。据说，圣地亚哥的墓就是在这期间遭到破坏的。传说在公元813年，一位叫佩拉约的

隐士看到天上有一颗星星落在利布雷东树林中，他立即报告了主教特奥多米洛和伊利亚·弗拉维拉。他们在树林里的一座小教堂附近惊喜地发现一座罗马时期的墓穴，推测圣地亚哥遗骨就埋在这里。后来，阿斯图里亚斯王国阿方索二世下令在此修建了一座教堂，于是这座小城名声大振，朝拜者蜂拥而至。此后，圣地亚哥大教堂不断扩建，远近驰名，圣地亚哥·德孔布斯特拉也成为基督教圣地之一。1985年，圣地亚哥之路被联合国教科文组织列入世界文化遗产名录。

圣地亚哥圣之路起始点有几处，路线也不同。古时候，英国朝圣者乘船登上欧洲大陆，途径拉科鲁尼亚到达圣地亚哥·德孔布斯特拉，被称为英国线；法国朝圣者则从巴黎和法

圣地亚哥大教堂

国南部几个小镇沿着比利牛斯山脉，经由松波尔特峰和伊巴涅塔峰进入西班牙境内，最终汇合成一条固定路线，经过阿拉贡、纳瓦拉、拉里奥哈、卡斯蒂利亚-莱昂，进入加利西亚后到达圣地亚哥·德孔布斯特拉，被称为法国线；最短的一条路线是从葡萄牙到达圣地亚哥·德孔布斯特拉。如今这三条路线已经超越了宗教含义，成为不论有神论者和无神论者都青睐的文化旅游热线。其中，法国线被联合国教科文组织列入世界文化遗产名录。如今，旅行者们抱着不同目的和心情，或是向上帝忏悔和赎罪，或是感悟中世纪的意境和氛围，或是观赏沿途的秀丽景色，或是结伴旅行加深感情和友谊，铺设出一条爱情之路。不管目的如何，走上一段朝圣之路，或短或长都会受益匪浅。在漫长的徒步旅行中，你不仅会领略西班牙北部美丽的自然风光，还会了解和学习西班牙的历史，感悟西班牙丰厚的文化底蕴，亲身体会西班牙人民的热情好客，目睹沿途的名胜古迹，品尝西班牙独特的风味美食。当然，你更能感受到那些基督教徒的虔诚之心。途中有许多驿站，沿途有用贝壳制作的路标，十分醒目，不用担心迷路。到达圣地亚哥大教堂后，附近有一个颁发证书的接待室，凡徒步100千米以上者均有资格获得朝圣者证书，信仰者的证书为拉丁文，非信仰者证书为西班牙文。

圣地亚哥之路

阵亡者之谷

4. 阵亡者之谷

1939年西班牙内战结束，佛朗哥推翻共和政府，开始独裁统治，次年下令修建这座公墓。1958年这项浩大的工程竣工以后，内战时期的3万多名殉难者都安葬在这座墓穴中，佛朗哥和长枪党领袖何塞·安东尼奥·普里莫·德里韦拉的棺椁也安放在这里。公墓位于距埃斯科里西尔镇13千米的瓜达拉玛山脉的奎尔加穆洛峡谷中，故称"阵亡者之谷"。

这是一块风水宝地，陵墓居高临下，坐北朝南。举目望去，只见群峦耸翠，逶迤延绵，山石峥嵘，清静幽僻。设计师们充分利用优越的地势，将一座山丘开凿出一条长长的拱形山洞，竖起了一座气势宏伟、庄严肃穆的建筑群，主要包括陵寝、教堂、十字架和修道院，其布局十分巧妙合理。陵墓大门前是用花岗岩铺成的宽阔广场，两旁是用大理石制成的栏杆。拾阶而上便来到铜制的陵墓大门，上面刻有许多以玫瑰经和基督教使徒格言为题材的浮雕，本笃会大教堂就建在开凿的山洞里，墓道全长262米，尽头的大殿拱顶高41米，总共挖掘出岩石20万立方米，工程之复杂和艰辛可想而知。据说，为建造这座陵墓共死了2.7万人，其中大部分是内战时期的战俘。通往墓道的栅栏上有40个圣徒雕像，中间是西班牙守护神圣地亚哥。前厅由四根粗大的柱子撑起，穹顶有两个壁龛和两个天使，下去十个台阶，便是大殿，四根粗大半露的壁柱把洞庭分为四部分，岩壁上共画有40幅彩色绚丽的宗教人物，如圣徒、烈士、英雄等等。穹顶分为若干藻井，许多巨大的岩石块裸露在藻井外面，使人顿时感到置身于山洞之中。墙壁上有许多以圣母玛丽亚为题材的石膏浮雕，还有一些雕塑和绘画，栩栩如生。特别引人注目的是墙壁有8幅用羊毛、金银丝织成以圣约翰启示录为题材的佛兰德壁毯，制作工艺十分精致。这是费利佩二世从布鲁塞尔带回的稀世珍品。过了甬道就是十字耳堂，四周巨大扶墙上是象征大地、海洋、天空和军队威力的雕塑图案。教堂顶端是一个半圆形的唱诗室，下面共有70个座位。两侧有两个小教堂，其中一个放有耶稣石膏卧像和圣胡安、圣母玛丽亚像。穹顶是多彩多姿的意大利式镶嵌图案，但又能反映出拜占庭和西班牙中世纪绘画风格和特点。中央是主圣坛，圣台是一块加工精细的大理石。祭坛正面有一幅精美的金色浮

雕，代表"圣葬"，作者是何塞·埃斯皮诺斯·阿隆索，后面的浮雕代表"圣餐"。1975年佛朗哥去世，并在这里下葬。他的陵寝由周围四座天使铜像守护着。教堂穹顶正对着外面巨大的十字架，高108米，其中底座高25米，如从教堂入口计算，总高度达399米，堪称世界最高的十字架。这一杰作出自建筑师迭戈·门德斯之手。十字架分为四部分，底座是四个基督教使徒的浮雕，由胡安·阿巴罗斯创作。上面还有象征原德（谨慎、公正、坚定、节制）的圣像。十字架后面是修道院，由清一色花岗岩砌成，呈正方形，十分壮观。目前，这座修道院由本笃会教士常驻并负责管理。如今，阵亡者之谷已成为著名的旅游点。

乘坐电缆车到达十字架的底座，环顾四周，一片郁郁葱葱。抬头仰望这座高耸入云的十字架，人们不禁会有很多联想。为建造这座陵墓，有多少人失去了生命！但旧时代已经过去，新的时代早已经开始。佛朗哥去世后，西班牙最终踏上了和平、民主的兴国之路。也许这也是九泉之下阵亡者们所共同的梦想吧！

阵亡者之谷

5. 埃斯科里亚尔修道院

埃斯科里亚尔修道院是一座号称"世界第八大奇迹"的宏伟建筑，它坐落在距马德里49千米的圣罗伦索·埃斯科里亚尔小镇，背靠瓜达拉玛山脉，风景秀丽，气候温和，是夏季避暑理想之地。游客来到这里主要是为了参观埃斯科里亚尔修道院，尤其感兴趣的是修道院里的地下宫殿——皇家陵墓。

1557年西班牙军队在圣金廷战役中打败了法国军队，为了纪念这次战役的胜利，费利佩二世下令在此兴建一座修道院，作为他和皇亲国戚的墓地。修建这项巨大的工程整整用了21年的时间。修道院的建筑师是胡安·包蒂斯塔，他死后由胡安·埃雷拉负责施工。这座文艺复兴风格的修道院建筑结构十分复杂，总面积达33327平方米，共有16个庭院，15条回廊，86条楼梯，1200扇门，2600扇窗户，13个小教堂和祈祷室，88座喷泉。实际上，修道院是聚集了教堂、宫殿、图书馆、博物馆、陵墓和园林等多种功能的建筑。整个楼宇

埃斯科里亚尔修道院

用瓜达拉玛山上的花岗岩砌成，气势磅礴，庄严肃穆。正面唯一的装饰是圣罗伦索的雕塑像和奥地利王国的国徽。从正门进去是十分别致幽静的庭院，摆放着《旧约全书》中的六位国王的塑像，故称国王庭院。穿过庭院直行便来到修道院的主体建筑——大教堂。屋顶上方耸立一个直径19米的圆形塔楼。四根圆柱撑起90米高的穹顶。自左向右分别安放着卡洛斯五世、费利佩二世的灵柩，上面是这两位国王的铜像。祭坛后面的装饰屏有许多以宗教为题材的绘画，殿内两侧43个圣坛上有许多油画，堪称艺术珍品。教堂右角是国王合葬室，由意大利建筑师克雷森西设计，呈八角形，外部由精美的汉白玉和青铜镶嵌而成，祭坛上有一座耶稣蒙难像。自卡洛斯一世起大部分国王都安葬在这里。王子合葬室建于19世纪，安放的是历代王子和公主的灵柩。国王合葬室右边是圣器室，内藏42幅名画，其中有克雷科、里韦拉、苏尔瓦兰、蒂吉亚诺等绘画大师的作品。大

埃斯科里亚尔修道院

教堂左边的王宫，是波旁王朝卡洛斯三世和卡洛斯四世的官邸。入口是"波旁大厅"，周围的壁毯十分引人注目，制作工艺精细，人物和景色逼真。宫内的"战役厅"亦称"戟兵厅"，因有数幅描述帕比亚战役、勒班陀海战等著名战役的壁画而得名。在费利佩二世的寝宫内珍藏着西班牙、意大利、德国等绘画大师的画作，堪称是一个绘画艺术博物馆。福音传教士大院位于教堂东侧，呈四方形，布局巧妙，宽敞的回廊、爱奥尼亚式和陶立克式的石柱、花园式的庭院和喷泉，幽静古朴。祠堂有四座福音传教士的塑像，十分生动。牧师大厅是召开修道士大会的地方。大厅穹顶的绘画具有庞贝文化时期的特征，每个大厅都珍藏着许多绘画珍品，还有卡洛斯一世、卡洛斯二世等人的塑像，人物雕刻惟妙惟肖。在图书馆内珍藏着阿方索十世、卡洛斯五世、费利佩三世和费利佩五世等历代国王的手迹，都是珍贵的历史文献。1984年，埃斯科里亚尔修道院被联合国教科文组织列入世界文化遗产名录。

6. 阿兰胡埃斯人文景观

从马德里向南行驶47千米，便来到阿兰胡埃斯小镇。这是伊比利亚半岛上少有的一块绿洲，位于塔霍河和哈拉马河之间。这里山清水秀，风景诱人，西班牙历代国王每年都到这里度假休闲，为此下令兴建了许多风格别致的宫殿、花园、教堂。不过时过境迁，这个昔日的世外桃源如今已成为西班牙人民理想的疗养地。

阿兰胡埃斯小镇有着古老的历史，西班牙考古学家曾在这里挖掘出罗马时期的各种武器、碑文、钱币等遗物。中世纪，小镇叫阿兰苏戈，是圣地亚哥骑士团的一块领地，其首领罗伦索·苏亚雷斯·菲格罗亚在此修建了一座宫殿，1772年被毁。卡洛斯一世常来此休闲度假，但并未大兴土木。春暖花开时节，这里空气清新，绿草如茵，鸟语声声，花气袭人，王公贵族们纷纷来到这里，漫步河畔，赏花观景。后来小镇对外开放，人口逐渐增加。小镇的自然美景和宜人的气候吸引了费利佩二世，他亲自制定了在小镇兴建王宫和园林并开凿温泉的计划，设计师们充分利用小镇优越的地理环境，把大自然美景与建筑巧妙地结合在一起，将小镇打造成山水之间绚丽夺目的一块翡翠。当然，这项工程规模也是十分浩大的，据记载用了约200年的时间才完成，其规模可想而知。波旁王朝统治时期，对宫殿和其他配套设施又进行了完善和扩建，主体建筑均以圣安东尼奥广场为中心，东侧是办公大楼，建于1584年；西侧是王子宫，建于1799年；正面是圣安东尼奥大教堂；广场中心是蒂亚娜喷泉。

阿兰胡埃斯王宫原址是卡洛斯五世兴建的一座宫殿。1561年，费利佩二世下令扩建，于1715年竣工，亦称费利佩二世宫。1660年和1665年先后发生两次火灾，这座华贵的宫殿两次被烧毁。1772年，费利佩五世下令重建，费尔南多六世和卡洛斯三世时期，又先后扩建。宫殿形成了今日南北对称的U字形布局，一层整齐的回廊，两边圆式塔楼，蓝色的屋顶，红砖和白石砌成的墙体，粉红色的窗户，把整个楼宇外观衬托得气魄雄伟，古朴典雅。楼的南侧是一座教堂，波旁王朝时期在北侧又增建了一座。这座建筑虽然经过多次扩建和改建，但在建筑师们精心设计下，仍保持着一个和谐的整体，给人以无限的美感。楼内有许多富丽堂皇的大厅，正厅摆放着费尔南多六世、费利佩二世、费利佩五世的雕像。在楼梯平台和壁龛中有法国路易十四和王后玛丽亚·特蕾莎的汉白玉半身

阿兰胡埃斯王宫

塑像。宫内还珍藏着大量油画以及法国著名的洛可可式华贵艺术精品。前厅藏有意大利画家胡安·乔丹尼的画作；正厅藏有卢卡斯·乔丹的绘画作品；教堂门厅有门格斯和马埃利亚创作的油画。皇家教堂里的祭台是一块精美的汉白玉，还挂有马埃利亚的一幅画作"圣母受孕"。金銮殿穹顶精美的画面出自绘画大师卡马龙之手；王后厅带有意大利庞贝式风格，精美的图画是马埃利亚和特尼埃斯的作品。特别值得一提的是宫内有一个中国厅，屋顶和墙壁为瓷砖贴面，十分精致漂亮，而馆内珍藏的瓷器、画卷都是难得一见的珍品。阿拉伯厅是仿效格拉纳达阿兰布拉宫"姊妹宫"的风格。白天，在湛蓝的天空下，这座粉红色的建筑迎着阳光显得格外辉煌壮观。夜间，银色月光洒在宫殿和广场上，又显得那么神秘和安静。这座经几代君主下令扩建的殿堂如今成为世界各地游客参观的胜地。

农夫之家位于"王子花园"的东侧，建于18世纪末，是一

座新古典式皇家别墅。卡洛斯四世时期，下令为王储修建一座宫殿，建筑师效仿法国凡尔赛宫风格建起了这座富丽堂皇的宫殿，1803年竣工。建筑格局十分讲究，共四层，一层呈平行四边形，向两边延伸，形成了一个U字形。庭院正对着檐廊，中央有一座十分别致的喷泉。楼梯均用汉白玉砌成，洁白、庄严而又肃穆。楼梯扶手是铜制的，外面镀金，显得十分华丽。圆柱用的石材都是整块汉白玉。内有大量雕塑像、古画、花冠和各种装饰品。

岛屿公园因建在塔霍河的一个小岛上而得名，费利佩二世下令修建这个以喷泉和雕塑为主体的河上公园。入口的喷泉有汉白玉雕塑的大力神和那喀索斯神像。河左岸是天主教双王宫，里面的希腊神像阿波罗、尼普顿海神塑像堪称少有的艺术精品。

因园中以赏花为主，故称"花园公园"，位于王宫东侧。

阿兰胡埃斯王宫

始建于1726年，是由费利佩五世下令效仿法国园林风格修建的。这里花色艳丽，五彩缤纷，芬芳馥郁，幽香醉人，堪称西班牙园林工艺的一枝奇葩。西班牙的能工巧匠们把喷泉、小湖、瀑布、绿荫小路与罗马历代皇帝的半身雕塑像巧妙而又和谐地交融在一起，成为一个真正的世外桃源。

王子公园位于王宫和塔霍河之间，是18世纪卡洛斯四世为王储修建的一座宫殿。建筑师们巧妙构思，仿效法国园林和哥特式建筑风格把喷泉、水池和凉亭镶嵌在一片茂密的树林里，自然和谐，相映成趣。公园随着季节的变化而展现出不同的姿态。西方古典式庙宇和中国式的亭阁相得益彰。从公园可以直通农夫之家。据说，这座公园反映了卡洛斯四世的一个梦想，想把西班牙中部气候干燥、土地贫瘠的梅塞塔高原与大海连接起来。

到阿兰胡埃斯小镇一游，不仅能享受这里美丽如画的自然景色，而且也能得到许多启示。这里的每一道文化景观都体现了人与自然、乡村与城市、建筑与环境的和谐关系。2001年，阿兰胡埃斯人文景观被联合国教科文组织列入世界文化遗产名录。西班牙人民完全有资格为拥有这样一个小镇而感到自豪。

阿兰胡埃斯小镇

太阳海岸　　　　　　　　　　太阳海岸

7. 太阳海岸、陡峭海岸

太阳海岸地处伊比利亚半岛最南端，宜人的气候，充足的阳光，被誉为世界六大最优美的海滩之一，也是西班牙四大旅游区之一，是欧洲人最理想的度假旅游胜地。太阳海岸全长160多千米，自格拉纳达省东部海岸到马拉加为东段，向西延伸到加的斯为西段。终年阳光明媚，夏季炎热，温度在32℃～40℃，冬季最低温度在16℃左右，每年日照在300天以上。驱车在高速公路上行驶，一边是浩瀚无垠的大海，处处是沙软滩平的天然浴场。另一边乡间小镇星罗棋布，酒店、旅馆、餐馆、咖啡馆、高尔夫球场比比皆是。完善的旅游设施、便捷的交通、周到的服务，每年都招徕大量的外国游客，许多外国人在这里买房或租房，长期居住。据近几年统计，太阳海岸每年接待的外国游客达1000万人次。

陡峭海岸，是一条美丽的海岸，北起与法国交界的波尔博，南至托尔德拉河入海口，全长214千米。这一带气候温和，冬暖夏凉，平均温度14℃～20℃，夏季温度16℃～35℃。沿途可以看到深邃碧蓝的大海，片片银滩，一个个小海湾隐藏在山坳之中，波平如镜，远处却是海波吟啸。沿途大小浴场不计其数，夏季游人络绎不绝，在蓝色的大海畅游，在金色的沙滩上伴随着涛声，沐浴着阳光，其乐无穷。晚间青年男女在沙滩上漫步，听着海水轻轻地舔着沙滩，发出温柔的细语，那是一个令人沉醉的美妙世界。蜿蜒曲折的公路另一侧是翠绿的青山，夏季山花烂漫，满林飘香，加上远处无数小岛点缀，组成了一幅美丽的图画，人称陡峭海岸是人间天堂。

太阳海岸

太阳海岸

8. 加那利群岛

加那利群岛是世界级的旅游胜地,东距非洲西海岸130千米,与摩洛哥相望,北距伊比利亚半岛1100千米。数百万年前火山爆发,形成了这座景色奇特的火山群岛。岛屿是典型的亚热带气候,年降雨量200毫米~400毫米。四季温差较小,8月平均温度26℃,1月最低温度21℃。肥沃的火山和温和的气候培育了奇特的植被和各种景观。

加那利群岛有悠久的历史和文化,远古时代就有人在这里居住,最早居民是关奇人,与克鲁马农人相似,兼有北非人的一些特征。据传,腓尼基人、希腊人和罗马人曾到过加那利群岛。在罗马帝国的书籍中曾提到过加那利这个名字,首先发现这些岛屿的可能是迦太基人。罗马时期作家普里尼奥在他的书中曾提到,公元前40年毛里塔尼亚国王胡瓦二世曾光顾此岛,见岛上风光秀丽,称其"幸福"。不过"幸福"可能仅指大加那利岛。普里尼奥书中提到的"加那利"一词是狗的意思,故加那利群岛亦称"狗岛"。14世纪,西班牙人和葡萄牙人曾先后来到加那利群岛贩卖奴隶。1448—1459年,西班牙与葡萄牙

特内里费岛

一直在争夺加那利群岛控制权。1483年，卡斯蒂利亚王国占领了大加那利岛。1495年，又控制了帕尔马、耶罗、戈梅拉和特内里费岛。

特内里费岛是加那利第一大岛，每年接待游客达600万人次以上，旅游点主要集中在岛的北岸拉克鲁斯港和南岸克里斯蒂诺斯和梅达诺。这里的火山景观远近闻名，一座座由火山岩浆堆积成的山丘、平原绵延起伏，最后伸进浩瀚无垠的大海。最令人神往的是1954年被命名的泰德国家公园。泰德火山是世界第三大火山，周围有数十个火山锥，登高远望，只见奇峰错列，千姿百态，令人目不暇接。目睹这些奇山美景，会使人联想到大自然的威力和魅力。

2007年，泰德国家公园被联合国教科文组织列入世界文化遗产名录，同年被西班牙政府列入国家十二瑰宝之一。泰德国家公园具有很高的历史价值，是关奇人的精神象征。这里有一个美丽的传说，关奇人把泰德山叫"埃切伊德"，意思是"恶魔瓜约塔的寓所"。相传瓜约塔把太阳神绑架到泰德山，关在暗无天日的山洞里。关奇人求助他们的天神打败了瓜约塔，把太阳神救了出来。从此，阳光重新沐浴着大地，泰德山便被誉为"圣山"。这个美丽的传说给泰德山峰增添了许多神秘色彩，一直流传至今。据说，航海家哥伦布的船队在发现美洲大陆途中曾目睹了泰德火山爆发的奇观，令他赞叹不已。1798年，泰德火山再次喷发，持续了整整三个月，火山口从高达3000米的老峰喷出达1200万立方米的岩浆，从而形成了今日颇为壮观的火山景观。泰德国家公园又是理想的考古、科研基地，它记录

了海洋、岛屿演化的地质过程，云海和火山活动使当地产生了独特的自然生态系统。这里共有168个稀有物种，其中58个是当地所特有的。公园中还有大量考古挖掘，来这里进行考古研究的欧洲考古学家络绎不绝。据统计，每年近400万观光客来泰德国家公园参观。

兰萨罗特岛是14世纪意大利航海家兰萨罗特首先登陆，故得此名，是加那利群岛中离伊比利亚半岛最近的一个岛。岛上大部分被多次火山喷发出的岩浆所覆盖，面积达846平方千米。这里气候温和，温差很小，四季如春，1月最低温度14℃，8月最高温度24℃，年降雨量仅200毫米，是旅游的佳地。

岛上共有14个自然环境保护区，其中包括著名的蒂曼法亚国家公园。1730—1736年，岛上连续发生火山喷发，形成了火山石奇景，面积是全岛的四分之一。1974年8月，西班牙政府将其列为国家公园。在方圆50千米的公园内，火山石景观达50多处，岩石奇形怪状，嶙峋起伏，千岩竞秀。岩浆铺盖的平原一望无际，大量的火山砾、火山渣都保存完好。在中部有一座火山天然纪念碑。身历其境，可以给人以无限的联想，当年火山喷发的情景似乎历历在目。蒂曼法亚国家公园外是另一个风景秀丽的国家公园——"火山国家公园"。火山喷发后大量岩浆拔地而起，然后迅速流向岛的西岸。炽热的岩浆流入大海迅速冷却变成火山砾，结成大面积陆地，岩浆未到之处形成了一个个小海湾。那里海水碧蓝，恬静无比，当海风吹来，银光熠熠，十分诱人。人们站在高处会亲眼看到片片火山石上种植的葡萄园，堪称世界奇迹。

大加那利岛

9. 巴利阿里群岛

巴利阿里群岛是镶嵌在地中海的几块陆地，是伊比利亚半岛山脉的延伸部分，距西班牙本土最近处仅80千米。岛上地形地貌复杂，起伏的山陵、高原和低地，梅诺卡岛上还有广袤的平原。

马略卡是最大的岛，海岸线长约400千米，岛上风景美丽如画，处处是平整开阔、金色的海滩，在青山碧海之间隐藏着许多宁静的大大小小的海湾，海水清澈见底，海风吹拂，海水涟漪，偶尔能听到细浪拍打沙滩而发出的哗哗声，行行白鹭展翅翱翔，真是一幅美丽诱人的图画，令人陶醉。这里有许多天然浴场，是游客们休闲沐浴的理想场所。岛上是典型的地中海气候，充足的阳光，宜人的气候，完善的旅游设施使马略卡岛成为世界各国游客青睐的地方。马略卡岛又是航海爱好者的理想训练之地。这里有许多游艇俱乐部，每年夏季都要举办国际帆船比赛，世界帆船运动好手云集这

马略卡岛

里。马略卡岛还是一个巨大的露天博物馆。据考证，早在旧石器时代就有人类在岛上居住，繁衍生息。最具代表性的文化遗存是巨石文化。

马略卡岛的帕尔马（马略卡）市是巴利阿里自治区首府。这是一个古老而新兴的城市。罗马帝国曾在帕尔马（马略卡）派驻领事官员，此后被汪达尔人和阿拉伯人占领。1229年，阿拉贡国王海梅一世收复该城。异族的统治给这座城市留下了不同的历史印记和丰富多彩的文化，不同风格的建筑引来人们的啧啧赞叹。海洋领事馆是当年海上的贸易法庭，是中世纪文艺复兴式建筑。由六道拱门组成的回廊装饰别致，别具风韵。一层是海洋博物馆，展出各个时期的舰、船模型和航海工具以及颇有价值的航海资料。

旧市场尤其值得一看，这是一座典型的马略卡风格建筑，四个角楼设计十分别致，楼内的六根立柱支撑着整个楼体，装

帕尔马

饰考究，引人入胜。这座建筑今天已成为新艺术博物馆。阿尔穆德纳宫最早是摩尔人兴建的一座城堡，13世纪成为基督教王国君主们的王宫，其中有国王宫、王后宫、皇家园林和浴池，这些建筑集中体现了中世纪西班牙建筑风格，室内的家具摆设和饰物都是17、18世纪的珍品，十分华丽。如今这座城堡式的宫殿成为胡安·卡洛斯一世的行宫，凡是重大典礼活动都在这里举行。

大教堂是一座哥特式建筑，始建于1230年，1600年竣工，带有许多文艺复兴建筑风格。教堂正面有一扇观望门，各种雕刻图案十分美丽。教堂外部共有9个挂钟，其中一个重约5700公斤。教堂又是一个艺术博物馆，藏有许多珍贵的艺术品，如雕塑、油画、挂毯、金银饰品等等。站在海边，瞭望这座古老的教堂，其庞大的气势令人惊叹不已。

马略卡岛上的卡尔特会修道院远近闻名，每年到此参观的

游客络绎不绝。卡尔特会修道院之所以有名气,是因为那里至今保留着著名波兰作曲家、"钢琴诗人"肖邦的故居。修道院完全隐秘在密林深处,环境幽静,气候宜人。1838年冬天,肖邦因身体原因来到马略卡岛疗养。他与法国女作家乔治·桑一起来到这座修道院租了几间房子,度过了一个愉快的冬天。这对恋人来到岛上虽说是休闲疗养,但并没有停止他们的创作。肖邦谱写了许多优美的乐谱,而乔治·桑也写出了《马略卡的冬天》。由于岛上气候潮湿,肖邦的身体并没有得到很好的康复,次年两人便离开了。如今,肖邦的故居已成为一个小小的博物馆,珍藏着肖邦当年创作的乐曲、练习的钢琴、乐谱手稿和乔治·桑写的《马略卡的冬天》原稿,以及他们使用过的家具和日常用品。当然,这对恋人还给人们留下了一段浪漫美丽的爱情故事。今天,到马略卡观光的游客都要到卡尔特会修道院参观肖邦故居,寻觅这位伟大作曲家的创作灵感和生活足迹。

马略卡岛还有许多值得一看的地方,如基督港小渔村的德拉奇洞窟溶洞,洞内各种形状的钟乳石、石笋、石幔、石柱、石花等琳琅满目,加上五光十色的彩灯照射,展现在游人面前的就是一个梦幻世界。龙岩洞则是另一个引人入胜的溶洞,洞内有一条水道,两边变幻无穷的奇石景观令人流连忘返。

10. 阿维拉旧城

阿维拉市是全国地势最高的城市,位于马德里西北方向80千米。阿维拉以古城墙而远近闻名。罗马帝国统治时期阿维拉是一个古城堡。1090年,为了抵御摩尔人的入侵,阿方索六世下令在阿维拉周围修筑城墙。这项巨大的工程由雷蒙

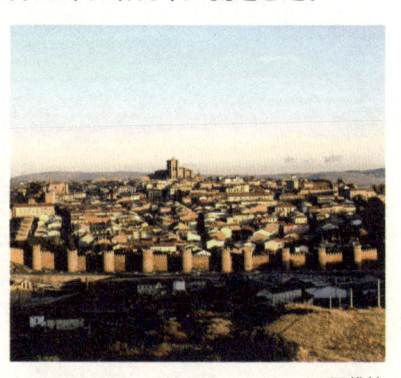

阿维拉

多·博尔戈尼亚伯爵指挥修建，仅用了9年。城墙呈不规则的长方形，总长2500米，东西长900米，南北长45米，平均高度12米，厚度3米，沿着城墙共有88个瞭望塔，2500个城垛。尤其引人注目的是那9扇雄伟壮观的城门，如东城墙的维森特门、城堡门，北城墙的元帅门、卡门门、桥门、圣母门等。这些城门建于不同时期，风格各异，但都很壮观。登上城墙，环顾周围的美景，令人心旷神怡，有一种仿佛置身于中世纪的感觉。看到这些高大坚固的城墙，让人想起当年基督教王国的将士们在这里防御阿拉伯人入侵时的情景。

阿维拉

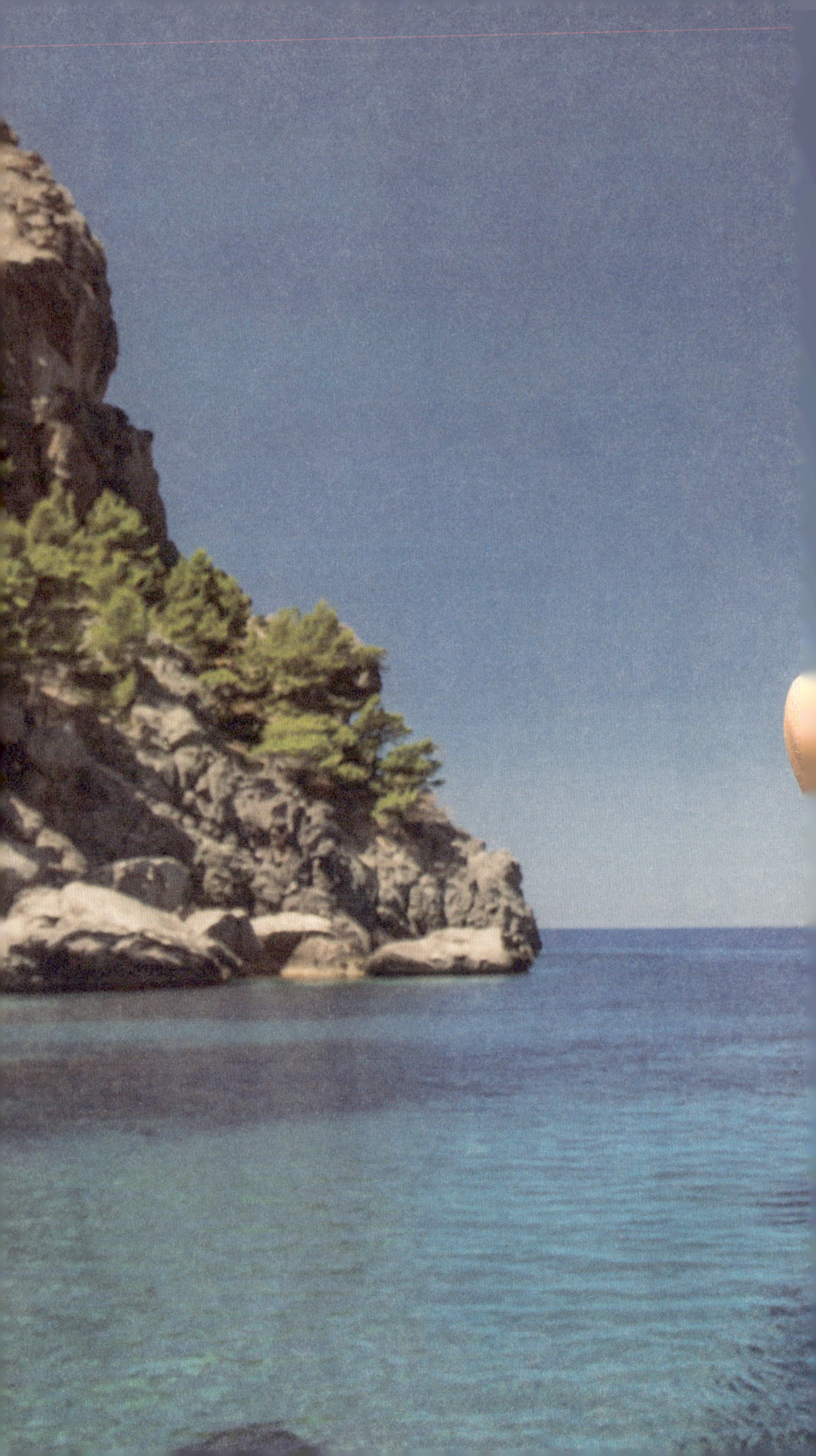

马略卡岛

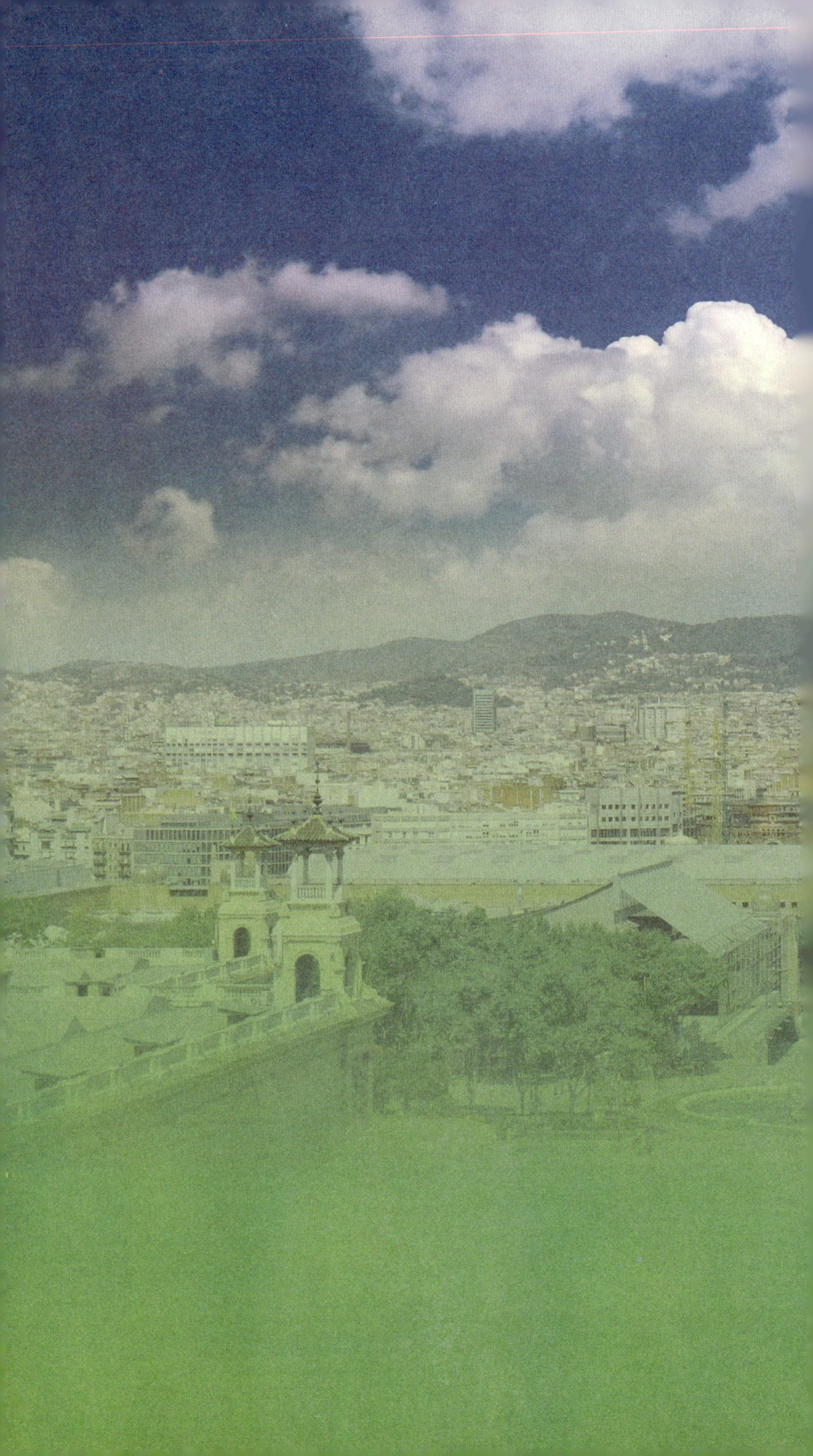

PART 2
旅游资讯
地图导览

签证信息

1. 签证费用

成人503元,服务费163元;6~12岁儿童293元,服务费163元;6岁以下儿童免签证费及服务费。

2. 签证受理时间

(1)入境规定

北京签证申请受理时间通常为5个工作日,上海签证受理时间通常为7~15个工作日,广州签证受理时间通常为5~15个自然日。不过在在一些特殊情况下,受理时间最长会延长至30天。

3. 需要递交的材料

(1)有效护照

出国旅游,首先需要准备的证件便是护照,如果你已经有护照,那必须保证护照的有效期超过6个月,否则需要去更换护照。

(2)一张近期彩色照片

宽为26~35毫米之间,长为32~45毫米之间,白色背景。

(3)个人材料

户口本原件、复印件;身份证原件、复印件;签证申请表,可在西班牙驻华的使馆网站上下载,并贴二寸免冠照片(最好是护照照片);一份包括旅行日期、在西班牙的停留日期、预订的酒店地址信息的行程单,要体现出西班牙为主要目的国或第一个入境国;往返机票订单,订单上的时间要和行程单上的时间一致。总之,个人资料准备的越齐全,办理签证也越顺畅。

（4）旅游医疗保险

到西班牙旅行必须办理旅游医疗保险，你可提供在欧洲或中国的保险公司办理的保险单。保险金额不少于3万欧元或同等价值人民币，其中须包括医疗护理、住院治疗和因伤或医疗缘故而遣送回国等费用。

（5）资金证明

在银行打印的最近3个月的进出账单，需银行盖章，余额要在5万元以上。

4. 签证申请中心信息

签证申请人须按照户口所在地的签证申请中心提交签证申请。建议在预定出行日期前不少于15个工作日递交申请。

北京西班牙签证申请中心

地址：北京市朝阳区工体北路13号院1号楼702室

电话：010-84059481/010-84059482

申请受理时间/领取护照时间：周一至周五8:00~15:00

邮箱：infopek.espcn@vfshelpline.com

管辖区：除了属于上海和广州管辖区的省份外，所有其他中国的省和自治区

上海西班牙签证申请中心

地址：上海市徐家汇路555号广发银行大厦3楼，200023

电话：021-33661349

申请受理时间/领取护照时间:周一至周五8:00~15:00

邮箱：infosha.espcn@vfshelpline.com

管辖区：江苏、上海、浙江、安徽、江西

广州西班牙签证申请中心

地址：广州市天河区体育西路189号城建大厦2楼219室

电话：020-38734001

申请受理时间：周一至周四 8:00~15:00，周五8:00~14:00

领取护照时间:周一至周五8:00~15:00

邮箱：infocan.espcn@vfshelpline.com

管辖区：广东、福建、贵州、海南、湖南、云南、广西

实用信息

1. 语言

西班牙语是西班牙官方语言，也是联合国、欧盟、非盟、美洲国家组织、北大西洋公约组织官方语言。全国有99%的人说西班牙语，加泰罗尼亚、巴斯克、加利西亚和巴伦西亚地区则有自己的民族语言。根据西班牙宪法规定，在这四个地区，除卡斯蒂利亚语外加泰罗尼亚语、巴斯克语、加利西亚语和巴伦西亚语为本地区官方语言。

2. 货币

欧元。

欧元

3. 电源

西班牙使用的是220V、50Hz的交流电。通常在短期内，中国的电器带去西班牙是可以通用的，因为一般电器都支持在240±20V的范围内工作。如果长时间使用，会降低电器的寿命，所以要带好电压转换器。西班牙的插座有两相圆脚和两相扁脚两种。

4. 电话

电话

西班牙的固定电话和手机号码目前均为9位数，拨打西班牙国内电话，只需拨打电话号码即可。从西班牙向中国拨打电话，拨打0086+区号+电话号码。从中国向西班牙拨打电话，拨打0034+电话号码。

5. 网络

西班牙的网络比较普及，可

使用宽带上网，网速比较快。但是对于在西班牙旅行的游客来讲，可选择在网吧上网，每小时3欧元左右。此外，还有很多地方提供互联网服务，如机场、火车站、汽车站、咖啡厅、某些购物中心和酒店均提供免费的无线上网服务。

6. 银行

西班牙比较著名的银行有西班牙对外银行、毕尔巴鄂比斯开银行、马德里储蓄银行、桑坦德中心银行、巴塞罗那储蓄银行、人民银行等。银行营业时间通常是除了夏季的周六以外，基本都是8:30—14:00营业，有些银行下午也营业。

7. 邮政

西班牙的邮政标志为带有皇冠的号角，路边还有很多写有"CORREOS"黄色大圆筒。中央邮局位于马德里西韦雷斯广场东南

马德里中央邮局

角，如今这里的开放区域除了保留有邮局的功能外，大部分区域已建为马德里艺术中心。邮局和信息台设在二楼。

你可在西班牙任何地方邮寄，可在当地烟草专卖点"Estancos"或"Tabacos"的地方盖邮戳买邮票，粘上邮票的信件或明信片可直接投放在街道、车站或者机场里的邮筒中。假如你所住酒店有邮寄服务，也可以把信件放到咨询台由工作人员代你寄送。假如你要寄包裹、汇钱或者拍电报，那么就需要到邮局去。通常西班牙邮局的营业时间为周一至周五8:30—20:30，周六 9:30—13:00(部分邮局会延长)。

8. 通讯

西班牙的移动电话覆盖率约为98%，移动电话普及率为85%。很多外国移动电话运营商与西班牙移动电话运营商签订了协议，因此在西班牙可以使用自己的移动电话。西班牙的移动电话运营商主要有

Vodafone、Movistar、Orange等，在购买时需要提供护照ID。此外，还可在街边的便利店中购买话费充值卡。

在西班牙，公共电话亭在街道上也是随处可见，只要投入硬币或插入磁卡就可以使用了，只需在烟草专卖店购买硬币和电话卡即可。此外，机场、车站、旅馆、餐馆、咖啡馆等公共场所也设有公共电话。

9. 抽烟

西班牙有禁止在公共场合吸烟的法律条款，禁止吸烟的公共场合包括办公室、商业或娱乐中心、教育机构、医院、疗养场所、体育场、博物馆、剧院、公共交通工具以及西班牙公司经营的飞机和火车上。此外，在餐厅、酒吧、咖啡厅之类的地方也不允许吸烟。同时有些酒店房间内也不可以吸烟，如有需求请在入住前要求吸烟房。

公共场所

出入境信息

1. 出境须知

西班牙非本国居民对出境时所携外币有所限制,如果你想携带超额的货币,需在入境时向海关申报取得证明。此外,西班牙对携带名人美术品出境也有所限制,在出境时,海关人员不仅要检查你所出示的收据,还会严格检查相关的实物。当然也不能携带仿冒或盗版产品出境,一经被海关检查人员发现,则会被扣留。

2. 入境须知

(1)入境规定

出国旅游首先需要准备的是护照,并保证护照的有效期超过6个月,否则就需要去更换护照。

(2)签证

持有护照赴西班牙旅游,还需申请签证。由于西班牙为申根国家,所以持其他申根国的签证也可前往西班牙旅行。西班牙在中国的北京、上海、广东、香港均设有领事馆,你可在自己所在相应地区办理签证事宜。

(3)关税

成人可以携带金额不超过175欧元的物品,15岁以下的乘客可以携带不超过90欧元的物品。

巴塞罗那海滩

(4)气候

西班牙西北部气候较湿润,内陆和东南部则较干燥,月平均气温从北到南为1月份9℃~10℃,7月份19℃~28℃。

(5)宗教信仰

西班牙有96%的居民信奉天主教。宪法规定,公民有信仰自由,保障公共权力部门与宗教之间的合作关系,但未规定某一种宗教带有国教性质。

🚆 交通

1. 航空

西班牙全国拥有众多大大小小的机场,其中马德里巴拉哈斯机场、巴塞罗那普拉特机场、马拉加的马拉加机场、格拉纳达机场、巴伦西亚机场所运行的航班与欧洲各大城市之间有着十分密集的联系,同时,也是前往非洲、美洲的交通要道。

从我国的北京、上海、广州有直达马德里和巴塞罗那的航班,以及经停巴黎、伦敦、赫尔辛基等地的航班,直航飞行时间约12小时。

罗马就餐

2. 铁路

西班牙铁路网与欧洲铁路网相连,从这里乘火车前往伦敦、巴黎、维也纳等欧洲各大城市都十分便捷。其中马德里是西班牙铁路网的中心,拥有查马丁(Chamartín)和阿托查(Atocha)两个火车站,其交通十分便利;巴塞罗那是马德里-巴塞罗那铁路和沿地中海岸线的铁路交汇点,可乘火车前往马德里、巴伦西亚等国内其他城市,以及巴黎等欧洲其他国家城市。

西班牙拥有3条准轨高速铁路:马德里—塞维利亚高速线、马德里—托莱多高速线、马德里—莱里达高速线,这些线路上开行AVE

系列高速列车。

西班牙的铁路官网为www.renfe.es，可查询相关的火车运营信息以及订票。

3. 公路

马德里高速列车

在西班牙旅行乘坐汽车是最便捷的交通方式，它可以到达很多火车到不了的小城和乡村。Eurolines公司运行的长途巴士可以把旅客从西班牙带到欧洲各大城市。假如你想在欧洲多个国家穿行，可办理一张欧洲巴士通行证便可任意搭乘Eurolines公司的巴士来往于20多个欧洲国家之间了，其价格根据季节不同而有所不同。

4. 海路

巴塞罗那渡船

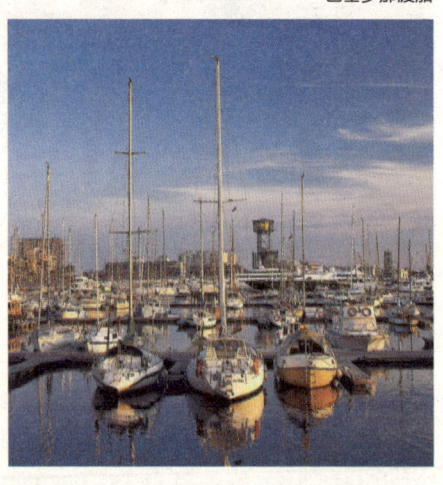

西班牙主要有27个港口，其中最主要的有巴塞罗那、巴伦西亚、塔拉戈纳、阿尔赫西拉等。其中巴塞罗那港口是地中海最繁忙的港口之一，可乘坐地铁L2线到Paral-Lel或Drassanes站，步行前往，或者乘坐观光巴士南线前往巴塞罗那港。这里有许多邮轮重要的停靠站，有连接西班牙重要岛屿如马略卡岛、梅诺卡岛的渡船，同时也联系着欧洲其他地方，如意大利的热那亚等。巴伦西亚港口有前往邻近的度假胜地伊维萨岛、帕尔马（马略卡）和德尼亚的轮渡服务。

5. 市内交通

　　西班牙各城市的市内交通工具多以公交车、出租车、地铁为主。公交可谓是西班牙人主要的交通工具，仅在马德里就有100多条公交线路运行，主要在市内及郊区运行，地铁覆盖不到的地方有公交车线路。不过在乘车时要注意避开早晚高峰，因为马德里道路并不宽阔，拥堵时常发生。西班牙的地铁站口星罗棋布，通常在地铁站附近都设有公交车站，因而对于想要换车的乘客来说十分方便。地铁站的入口处标有"M"，通常间隔三四分钟便有一班地铁发出。西班牙各城市中很多地方都设有出租车停靠站，抵达机场、火车站之类的特殊场所需要另付额外费用。此外，在西班牙骑自行车游览也是很不错的方式，可以自由游览市内众多古老、别致的景点。

　　除了这些普遍的公共交通工具，西班牙还有众多别具特色的交通工具可供乘客乘坐。比如马德里的缆车、巴塞罗那及塞维利亚的观光巴士、马拉加的马车、塞哥维亚的旅游出租车等。

马德里公交车

饮食

1. 别具特色的饮食文化

西班牙可谓是一个美食天堂,每个城市都有著名的饮食文化。西班牙盛产土豆、番茄、辣椒、橄榄,用这些食材烹制出的食物十分美味。此外,西班牙人烹调食物时喜欢用橄榄油和大蒜。西班牙美食汇集了西式南北菜肴的烹制方法,其菜肴种类繁多且口味独特。

马德里有来自安达卢西亚、加利西亚、阿斯图里亚斯及其他地区的移民,因而这里的饮食融合了伊比利亚半岛所有的烹调风格。同时马德里还是世界上仅次于东京的水产交易中心,被称为西班牙的"内港"。因而马德里人烹调海鲜的技术很高,其中最有代表性的是烤海鲷,在一些知名餐厅都能品尝到这道菜肴。

巴塞罗那的饮食既是加泰罗尼亚烹饪的典型代表，同时也是欧洲极具赞誉的美食之城。在巴塞罗那街边能很容易地找到各种独具特色的便宜而又美味的食物，同时不乏很多世界知名的餐馆，众多不同的菜色中，最好的当属加泰罗尼亚食物。此外，这里虽然不是西班牙海鲜饭的发源地，但因其取之不尽的新鲜原材料，也使其成为吃海鲜饭的好地方。

塞维利亚的饮食非常多样化，来自加的斯的海鲜、哈恩省的橄榄油以及边界的赫雷斯的雪梨酒都受到当地人和游客的喜爱。

巴伦西亚因独特的地理位置优势，拥有典型的地中海式美食，以新鲜的鱼虾作食材烹制的食物，格外受人欢迎。值得一提的是，巴伦西亚是西班牙海鲜饭的故乡，因而在这里可吃到最正宗的海鲜饭。

巴塞罗那就餐

2. 特色美食

西班牙的美食主要有：鳕鱼、伊比利亚火腿、葡萄酒、虾、牡蛎、马德里肉汤等。除了这些比较传统的食物，西班牙当地的特色美食主要有海鲜饭、西班牙火腿、打巴（TAPA）。

（1）海鲜饭

海鲜饭的种类很多，是一种用专门的海鲜饭原料调制而成的美食。鲜虾、鱿鱼、鸡肉、西班牙香肠，再配上洋葱、蒜茸、番茄汁、藏红花等焖制而成的海鲜饭十分美味，堪称西餐一绝。

（2）西班牙火腿

在当地人眼中西班牙火腿的魅力相当大，几乎所有的西班牙人家中都会备有一两条火腿，在吃的时候直接将其切成薄片，便可端上餐桌了。西班牙火腿的选料很有讲究，其中伊比利火腿由埃斯特雷马杜拉自治区特有的猪肉制成，味道十分独特。

（3）打巴

打巴在西班牙语中是下酒菜的意思，演变到今天，相当于中国的小吃。打巴餐馆的菜肴非常大众化，美味可口，种类繁多，非常便捷，如面包加火腿、面包加香肠、面包加金枪鱼等等。当然也有其他冷菜和热菜，所以很受欢迎。打巴餐馆在西班牙的大小城市随处可见。

海鲜饭

住宿

西班牙旅游业发达，拥有为数众多的住宿场所，从豪华的五星级酒店到经济实惠的青年旅舍和家庭旅馆应有尽有。这些住宿场所价格比较实惠，而且环境也比较舒适。无论是在大城市还是比较偏远的旅游地区，都将享受到热情的接待和服务。旅游旺季，大小酒店和旅馆容易爆满，价格会有所提升。因而建议提前预订房间。此外，在西班牙住旅馆时，通常需付小费，小费金额一般为消费金额的5%～10%。

1. 青年旅舍

在西班牙，入住青年旅舍是比较实惠的。此外，西班牙的青年旅舍协会对旅舍的质量非常重视，因而住宿条件及标准都有所保障。

2. 家庭旅馆、客栈

价格实惠、家庭气息浓郁的家庭旅馆及客栈，也是一种不错的住宿之选。在这样的地方住宿，不仅可以找到温馨感，而且居住时间较长的话还会有一定的折扣。

3. 酒店

酒店从一星级到五星级不等，其中五星级酒店当然是环境舒适，服务良好，设施齐全，价格比较贵，通常在马德里所有四五星级酒店平均房价为每日80至200欧元左右。旅游淡季，价格会自动下调。假如你的预算较紧张，可以选择淡季旅游，或者选择那些经济型的酒店是最合适的。

青年旅舍

巴塞罗那酒店

巴塞罗那酒店

购物

西班牙除了有全国最大的连锁购物中心英国商店等众多商场、百货超市外，各个城市中还有众多集市、露天市场及旧货市场，可轻易在其中买到一些价廉物美的物品。西班牙本土的传统物品有织物、绳索、皮革制品及制作精美的金银器具和珠宝。此外，西班牙还有很多才华横溢的时装设计师，他们大多均设有专属自己的门店，到这些店中逛逛，了解一下世界的服装潮流也是很不错的体验。同时，西班牙还是葡萄、油橄榄和柑橘的大产区，沿海地区盛产沙丁鱼。

马德里市场购物

1. 主要购物地

（1）马德里

萨拉曼加区是马德里最为时尚的地区，被称为"黄金英里区"。这片区域拥有很多大型购物中心，各种国内和国际顶尖专业的时尚精品店、珠宝店、书店遍布街头。这一区域的气氛安静、高档雅致，每家店都充满了优雅的气息，同时这里还拥有很多雄伟壮观的景点。总的来说，是购物者们理想的淘宝之地。

楚埃卡区是街头潮流的领军者，一条条具有波西米亚风格的街道上，形态各异的漂亮橱窗令人心动，精美的皮具、鞋子、化妆品让人目不暇接。中区即马约尔广场、太阳门以及周边地区，这片市内的黄金区域，拥有不计其数的小店，专门出售各种传统的工艺品，可在这里买到瓷器、金银首饰、各种乐器、挂件饰品等。

大学区是年轻人的购物天地，尤其是公主街和阿尔贝托·阿吉拉街一带，有大片的免税店，在这里能以最合理的价格买到最新的时装，是年轻人最爱去的地方。

（2）巴塞罗那

在巴塞罗那的兰布拉大道，或是哥特区能找到各种让人惊喜的纪念品。还有一些风景名胜处，也可以淘到很多有纪念意义的物品，如位于圣家赎罪大教堂和古埃尔公园附近的商店，就有高迪风格的陶瓷、水晶制品。此外，在圣安东尼集市外围还有跳蚤市场，每周一、三、五、六8:00—19:00开市，能买到各种旧书籍及旧唱片等。

在巴塞罗那最吸引人眼球的是西班牙名牌服饰，西班牙很多著名品牌的发源地和总部都设在这里，因而当季最新款可以首先在巴塞罗那找到，而过季的服装则会以极低的折扣价出售。这里的时尚店铺或购物商场应有尽有，如西班牙各地区都有的La Roca Village、海上休闲购物城（Maremagnum）等。

（3）塞维利亚

西尔皮斯街位于塞维利亚市政厅后面，是塞维利亚重要的商业街，也是圣周游行队伍的必经之路。这里有各种销售陶瓷工艺品、吉他、刺绣、传统弗拉明戈服饰、扇子等商品的商店。同时还有不少咖啡馆、酒吧等，是一个休闲和购物的好去处。

巴塞罗那市场

特里亚纳区位于塞维利亚瓜达尔基维尔河西面，是一个瓷器厂聚集之地，这里有很多瓷器市场，你可以在一些精美的瓷器店或工匠的手里买到非常好的瓷器。此外，这里也是一个时尚的购物区，拥有众多流行服饰店，随意挑选几件具有当地特色的服饰，也是很有意义的一件事。

展会街位于马卡雷纳大教堂东边不远处，这里每周四有传统的跳蚤市场。届时，很多人都会来这里逛集市，十分热闹，也可以买点好东西留作纪念。

2. 主要特产

（1）葡萄酒、雪利酒

西班牙是著名的葡萄酒产地之一，其质量可与法国的葡萄酒相媲美，不过价格却远远低于后者。西班牙另外一项名产则为安达卢西亚自治区出产的雪利酒，是用葡萄酿造，但一般比葡萄酒甜，是西班牙南方的特产。

（2）特色纪念品

手工艺品几乎已成为西班牙各地区标志性的产品，其中托莱多省以生产金属镶嵌、瓷器和陶器而享有很好的国际声誉，而巴伦西亚省则以瓷器远近闻名。此外，斗牛海报可谓是很有代表性的纪念品，所有斗牛城市的纪念品店都会有。

（3）流行服饰

西班牙的时装行业在优秀设计师的引领下一直处于迅猛发展状态，其中罗意威，对于喜欢大牌的人来说肯定不会陌生。

（4）橄榄油

西班牙作为世界橄榄油的最大生产与出口国，其橄榄油的品质绝对有保障，可以购买一些正宗的橄榄油。

巴塞罗那甜葡萄酒

陶瓷

流行服饰

休闲娱乐

西班牙的娱乐场所十分丰富，有各种酒吧、俱乐部。每年3月至10月是西班牙的斗牛季节，也是前来游玩的最佳时节。在6月至9月期间，还会有众多丰富多彩的节日，除了精彩的斗牛表演可以观看，还可参加露天音乐会、化装舞会、游行、放烟火、歌剧表演等庆典活动。节日期间，还能尽情享用各式美酒佳肴。

1. 精彩的斗牛及弗拉门戈表演

来到西班牙，不看一场精彩的斗牛表演是不够刺激的，每年4月至9月塞维利亚便会举办精彩的斗牛比赛，尤以4月份居多。此外，塞维利亚也是弗拉明戈的流行地，因而在塞维利亚观赏一场弗拉明戈表演很有必要。

弗拉门戈表演

2. 热闹的酒吧

在西班牙的首都马德里，你会发现众多酒吧和咖啡厅，这里的夜生活丰富而精彩，相信那些娱乐活动足以颠覆你对于夜的理解。而巴塞罗那则被誉为欧洲一座真正的聚会城市，每到周末夜晚，巴塞罗纳的酒吧一直到凌晨两点都会沉浸在热闹的气氛之中。巴伦西亚的酒吧文化是西班牙最丰富的一个城市，有很多其他城市的人周末都开车来这里享受生活。

3. 刺激的球赛

足球爱好者可以买张球票在马德里伯纳乌球场和西班牙人一起为皇马足球队呐喊，还可以在巴塞罗那诺坎普球场和西班牙人一起为巴萨足球队呐喊；或者到巴伦西亚看上一场有"蝙蝠军团"之称的巴伦西亚足球队的比赛，回忆一下这支曾经创造过辉煌的球队。

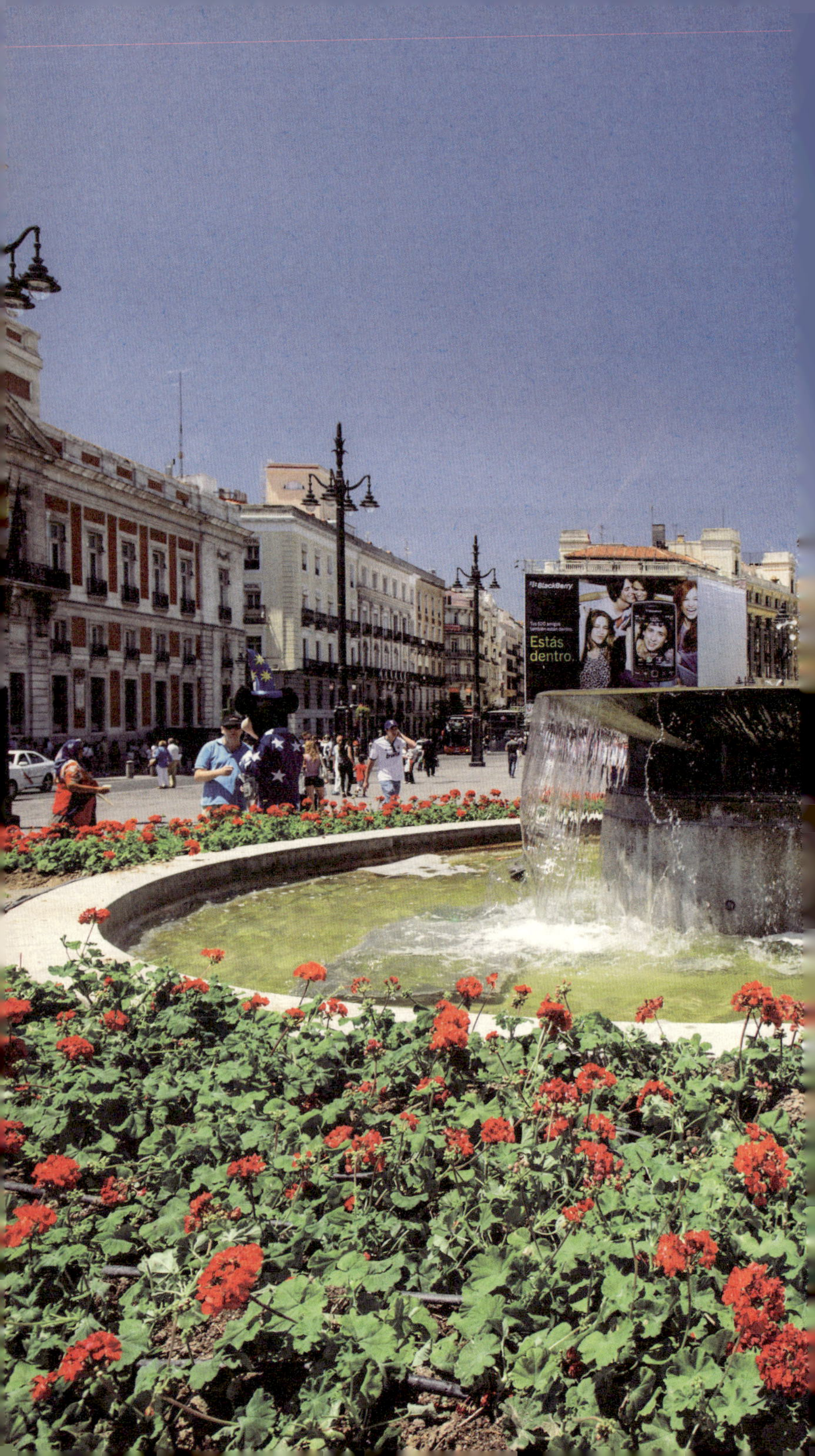
BlackBerry
Estás dentro.

马德里太阳门广场

经典路线游

1. 经典之旅

第一站　马德里

首先来到西班牙的首都马德里,这座欧洲的艺术中心,名胜古迹遍布全城。你可先来到马德里王宫,欣赏金碧辉煌的宫殿大厅。然后游览位于西班牙广场上塞万提斯塑像和欧洲骑士精神的代表——堂吉诃德塑像。参观马德里最繁华的商业区太阳门广场,可以站在广场中间的"零千米地标"上感受一下。下午到著名的普拉多博物馆,观赏各种珍贵的艺术品,还可以看看西班牙绘画的部分。然后去游览著名的索菲娅女王艺术中心。

马德里普拉多博物馆

第二站　托莱多

圣胡安皇家修道院

第二天早上乘车前往托莱多,游览托莱多大教堂、托莱多城堡、圣胡安皇家修道院等建筑,每一处古迹都令人无限向往,这就是托莱多被称为世界文化遗产的魅力所在。然后乘车返回马德里,还可以花点时间到马德里Las Rozas购物村逛一逛。

第三站　巴塞罗那

第三天早晨启程前往美丽的巴塞罗那。在这里观赏圣家赎罪大教堂，这是高迪最具代表性的作品，之后参观米拉之家、古埃尔公园、巴特罗之家等。走在巴塞罗那城中，你会被眼前哥特风格的古老建筑与高楼大厦交相辉映的情景所震撼。

巴塞罗那巴特罗之家

第四站　科尔多瓦

早餐后前往科尔多瓦，欣赏科尔多瓦古城美丽的异国风光。到科尔多瓦清真寺，还有附近的百花巷中走走，你一定会感到十分的惬意。然后启程前往格拉纳达。

科尔多瓦百花巷

第五站　格拉纳达

抵达格拉纳达后，游览世界闻名的阿兰布拉宫，然后再到皇家教堂以及格拉纳达大教堂转转，欣赏真正的艺术之美。

格拉纳达阿兰布拉宫

2. 精华之旅

第一站　巴塞罗那

首先在巴塞罗那市区游览，在巴塞罗那王宫合影留念，然后漫步在米拉之家、加泰罗尼亚音乐宫，之后前往美丽的古埃尔公园。下午返回市中心，漫步车水马龙的中央大道兰布拉步行街，在世界顶级品牌店铺里采购喜爱的名品。

巴塞罗那加泰罗尼亚音乐宫

第二站　萨拉戈萨

第二天来到萨拉戈萨，欣赏市内著名的石柱圣母显圣大教堂、拉塞奥教堂、阿尔哈发利亚宫殿，然后前往塞哥维亚。

萨拉戈萨石柱圣母显圣大教堂

第三站　塞哥维亚

来到塞哥维亚，那可要大饱眼福了，壮观的罗马渡槽、阿尔卡萨城堡、塞哥维亚大教堂等足以让你目不暇接。然后乘车前往马德里。

塞戈维亚罗马渡槽

马德里斗牛场

托莱多

第四站　马德里

接下来抵达西班牙首都马德里，参观马德里王宫，下午游览西班牙广场、西班牙最大的斗牛场、太阳门广场及马约尔广场。

第五站　托莱多

早上乘车前往世界文化遗产古城——托莱多，这座城市是西班牙历史的见证，从古罗马街道、升天犹太人教堂、太阳门，到托莱多大教堂，让你有一种仿佛回到中世纪的错觉。

第六站　科尔多瓦

第六天来到科尔多瓦，欣赏这个文化灿烂辉煌的城市。可在清真寺游逛，或是到美丽的犹太区漫步，无疑都是十分美好的感受。

第七站　格拉纳达

早餐后参观安达卢西亚地区最著名的阿兰布拉宫，这是摩尔文化仅存的遗产，更是摩尔艺术上最伟大的鼎盛之作。然后参观古迹遍布的老城。

格拉纳达阿兰布拉宫

圣家族赎罪大教堂

兰布拉大街

3. 深度之旅

第一站　巴塞罗那

第一天来到西班牙第二大都市巴塞罗那，享受地中海式热情的阳光与自由奔放的气息。参观动工一百年到现在还没有完成的、天才建筑家高迪的代表作神圣家族赎罪大教堂，然后到古埃尔公园中散步，欣赏如蛋糕一样的梦幻小屋、希腊式百柱，感受高迪的建筑魅力。

第二站　巴塞罗那周边

第二天来到巴塞罗那附近的赫罗纳大教堂和达利博物馆游玩。之后返回巴塞罗那，可以到热闹的兰布拉大街逛逛。

第三站　萨拉戈萨

来到萨拉戈萨游玩，观赏城内著名景点。然后前往塞哥维亚。

第四站　塞哥维亚

在塞哥维亚玩转塞哥维亚大教堂和罗马渡槽，感受那些古老建筑的气势。接下来便可乘火车前往美丽的首都马德里了。

第五站　马德里

在马德里逛逛热闹的西班牙广场和西韦雷斯广场，然后到美丽的雷蒂诺公园观赏一下令人瞩目的玻璃宫。然后来到大街上寻找百年老店品尝美味佳肴，融入西班牙式生活。

第六站　马德里周边

接下来就到马德里邻近的阿兰胡埃斯王宫和瓜达卢佩修道院游览，进一步感受西班牙的异域风情。

科尔多瓦

第七-九站　科尔多瓦—格拉纳达—马拉加

接下来花三天的时间游玩科尔多瓦、格拉纳达、马拉加这三座城市。在科尔多瓦游览布满鲜花的大街小巷，在格拉纳达欣赏世界著名的阿兰布拉宫，并在夕阳西下时刻赶往阿尔拜辛观看夕阳映照下的阿兰布拉宫。第九天来到西班牙著名阳光海岸的度假胜地——马拉加，这个气质高贵的海滨小城聚集着许多巨贾富商，港口停满了大大小小的游艇。这会让你的旅程更加丰富多彩。

第十站　塞维利亚

塞维利亚广场

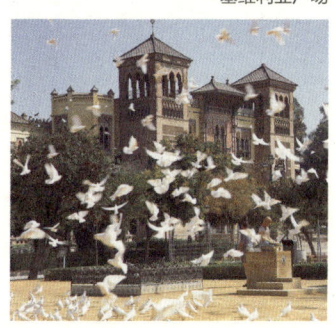

在塞维利亚西班牙广场附近吃过早餐之后，前往那个美丽的玛丽亚路易莎公园。下午来到著名的阿尔卡萨尔宫游玩。此外，游塞维利亚不能错过著名的弗拉门戈舞蹈表演，可在圣十字区的加洛斯一饱眼福，因为这里时常会有弗拉门戈舞明星的演出。

比斯开湾
Bay of Biscay
大西洋
ATLANTIC OCEAN
葡萄牙
PORTUGAL
西班牙
SPAIN
赫丘利斯灯塔
Torre de Hercules
纳赖奥堡
Cast.de Naraio
内达
Neda
拉科鲁尼亚
A Coruña
塞雷肖堡
Cereixo
圣地亚哥-德孔波斯特拉
Santiago de Compostela
圣地亚哥之路
Route of Santiago de Compostela
圣地亚哥-德孔波斯特拉旧城
Santiago de Compostela (Old Town)
卢戈
Lugo
罗马城墙
Roman Walls of Lugo
阿维莱斯
Avilés
坎达诺洞窟
Cueva de Candamo
奥维耶多古迹
Monuments of Oviedo and the Kingdom of the Asturias
奥维耶多
Oviedo
萨马-德兰格雷奥
Sama de Langreo
阿尔塔米拉洞窟
Altamira Cave
桑坦德
Santander
平达尔洞窟
Cueva del Pindal
托雷拉韦加
Torrelavega
毕尔巴鄂
Bilbao
比斯开桥
Vizcaya
莱韦尼亚圣玛丽亚修道院
S.ta Maria de Lebena
塔马
Tama
加斯泰斯(维多利亚)
Vitoria-Gasteiz
圣埃米利亚诺谷自然公园
Parque Nat.del Valle de S.Emiliano
安卡雷斯自然公园
Parque Natural de los Ancares
巴尔波尔克罗洞窟
Cuevas de Valporquero
圣玛丽亚修道院
S.ta Maria la Real
锡尔河谷
Bargantas del Sil
蓬费拉达
Ponferrada
莱昂
León
埃斯卡拉达圣米格尔修道院
S.Miguel de Escalada
阿塔普埃尔卡遗址
Archaeological Site of Atapuerca
布尔戈斯大教堂
Burgos Cathedral
布尔戈斯
Burgos
圣米良-德拉科戈利亚
San Millán de la Cogolla
圣米良尤索修道院和苏索修道院
San Millán Yuso and Suso Monasteries
索托迈尔堡
Cast.de Soutomaior
谢斯群岛
Illas Cíes
维哥
Vigo
帕索斯
Pazos
奥伦塞
Ourense
拉斯梅杜拉斯
Las Médulas
萨纳夫里亚湖国家公园
Parque Natural Lago de Sanabria
帕伦西亚
Palencia
圣埃斯皮纳修道院
Monasterio de S.ta Espina
巴利亚多利德
Valladolid
克卢尼亚古罗马遗迹
Clunia
萨莫拉
Zamora
坎波城
Medina del Campo
莫塔堡
Cast.de la Mota
雷库埃
古罗马遗迹
Ruinas Romanas
杜罗河
Duero
波尔图
Porto
雷亚尔城
Vila Real
多鲁(杜罗)河
Douro
圣玛丽亚·德拉贝加修道院
S.ta Maria de la Vega
阿尔门德拉水库
Embalse de Almendra
塞哥维亚旧城
Old Town of Segovia and its Aqueduct
科卡堡
Castillo de Coca
萨拉曼卡旧城
Old City of Salamanca
萨拉曼卡
Salamanca
瓦尔伊梅纳修道院
Valjimena
塞哥维亚
Segovia
曼萨纳雷斯河上游自然公园
Parque Natural de la Cuenca Alta del Río Manzanares
阿维拉
Ávila
埃纳雷斯堡
University and Historic Precinct of Alcalá de Henares
瓜达拉哈拉
Guadalajara
阿维拉旧城
Old Town of Avila,with its Extra-muros Churches
阿尔科文达斯
Alcobendas
埃纳雷斯堡
Alcalá de Henares
马德里
MADRID
埃斯科里亚尔修道院
Monastery and Site of the Escurial in Madrid
维塞乌
Viseu
阿威鲁
Aveiro
瓜达
Guarda
科英布拉
Coimbra
吉桑多公牛石像
Toros de Guisando
坎德里奥自然公园
P.Nat.Candelario
阿拉贡河
Alagón
帕伦西亚
Palencia
阿吉拉洞窟
Cuevas del Agula
阿兰胡埃斯人文景观
Aranjuez Cultural Landscape
东南区公园
Parque Regional del Sureste
蒙夫拉圭自然公园
Parque Natural de Monfragüe
塔拉韦拉-德拉雷纳
Talavera de la Reina
托莱多古城
Historic City of Toledo
托莱多
Toledo
塞戈夫里加遗址
Segobriga
阿尔坎塔拉水库
Embalse de Alcántara
莱里亚
Leiria
塔霍河
Tajo
特茹河
Tejo
卡塞雷斯旧城
Old Town of Caceres
卡塞雷斯
Cáceres
圣母修道院
Royal Monastery of Santa Maria de Guadalupe
卡瓦涅罗斯自然公园
Parque Natural de Cabañeros
克罗
Quero
山顶圣母修道院
Virgen de la Montaña
瓜达卢佩
Guadalupe
皮特拉布埃纳堡
Pietrabuena
圣灵基督修道院
Cristo del Espiritu Santo
里斯本
LISBOA
阿马多拉
Amadora
梅里达
Mérida
梅里达遗址
Archaeological Ensemble of Merida
巴达霍斯
Badajoz
雷阿尔城
Ciudad Real
老卡拉特拉瓦堡
Calatrava la Vieja
瓜迪亚纳河
Guadiana
萨尔瓦铁拉堡
Salvatierra
鲁伊德拉湖自然公园
Parque Natural de Lagunas de Ruidera
塞图巴尔
Setúbal
萨夫拉
Zafra
普埃托利亚诺
Puertollano
德斯佩尼亚佩罗斯峡道
Destiladero de Despeñaperros
卡索拉山-塞古拉山国家公园
P.Nat.de las Sierras Cazorla Segura y las Villas
贝雅
Beja
滕图迪亚修道院
Mon.de Tentudia
圣地亚哥洞窟
Cuevas de Santiago
卡尔德尼亚山和蒙特罗山自然公园
Parque Natural Sierra de Cardena y Montoro
利纳雷斯
Linares
乌韦达和巴埃萨
Renaissance Monumental Ensembles of Úbeda and Baeza
阿拉塞纳山国家公园
P.Nat.De la Sierra de Aracena
北山国家公园
Parque Nat.de la Sierra Norte
奥纳丘埃洛斯山国家公园
P.Nat.De la Sierra de Hornachuelos
阿尔梅纳拉堡
Almenara
科尔多瓦
Córdoba
科尔多瓦古城
Historic Centre of Cordoba
瓜达尔基维尔河
Guadalquivir
哈恩
Jaén
马希纳山自然公园
Parque Natural de la Sierra Magina
苏韦蒂卡山自然公园
Parque Nat.Sierra Subbetica
塞维利亚
Sevilla
韦尔瓦
Huelva
瓜代拉堡
Alcalá de Guadaira
塞维利亚大教堂
Cathedral,Alcazar and Archivo de Indias in Seville
阿拉塞利修道院
Araceli
韦托尔山自然公园
Parque Nat.de la Sierra de Huetor
拉维达修道院
Monasterio de la Rábida
伊格拉塔
Torre de la Higuera
法鲁
Faro
加的斯湾
Golfo de Cádiz
多尼亚纳国家公园
Doñana National Park
阿兰布拉宫
Alhambra,Generalife and Albayzin,Granada
格拉纳达
Granada
内华达山国家公园
P.Nat.de la Sierra Nevada
桑卢卡尔-德巴拉梅达
Sanlúcar de Barrameda
格拉萨莱马山国家公园
P.Not.de la Sierra de Grazalema
涅韦斯山自然公园
Parque Natur. Sierra de las Nieves
马拉加山自然公园
P.Nat.M.Tes de Málaga
莫特里尔
Motril
阳光海岸
Costa de la Luz
贝罗克约堡
Berroeuelo
法蒂玛堡
Fatima
龙达
Ronda
马拉加
Málaga
热带海岸
Costa Tropical
圣费尔南多
San Fernando
马尔韦利亚
Marbella
太阳海岸
Costa del Sol
栓皮栎林国家公园
P.Nat.de los Alcornocales
巴埃洛-克劳迪亚古城遗址
Baelo-Claudia
直布罗陀(英占)
Gibraltar (U.K.Occ.)
阿尔沃兰岛(西)
Isla de Alboran(Sp)
直布罗陀海峡
Strait of Gibraltar
摩洛哥
MOROCCO

旅游资讯 地图导览

风景名胜图 Places of Interest

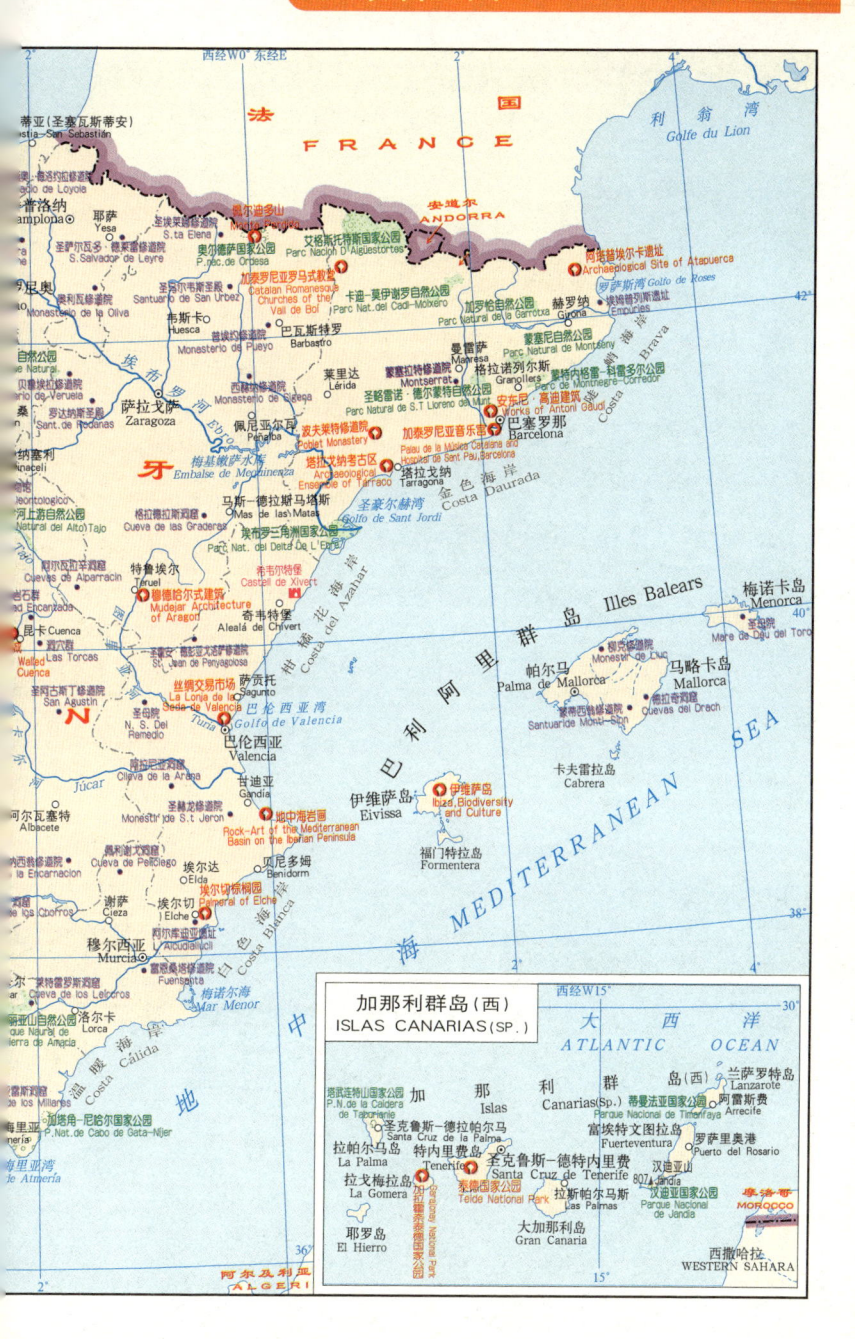

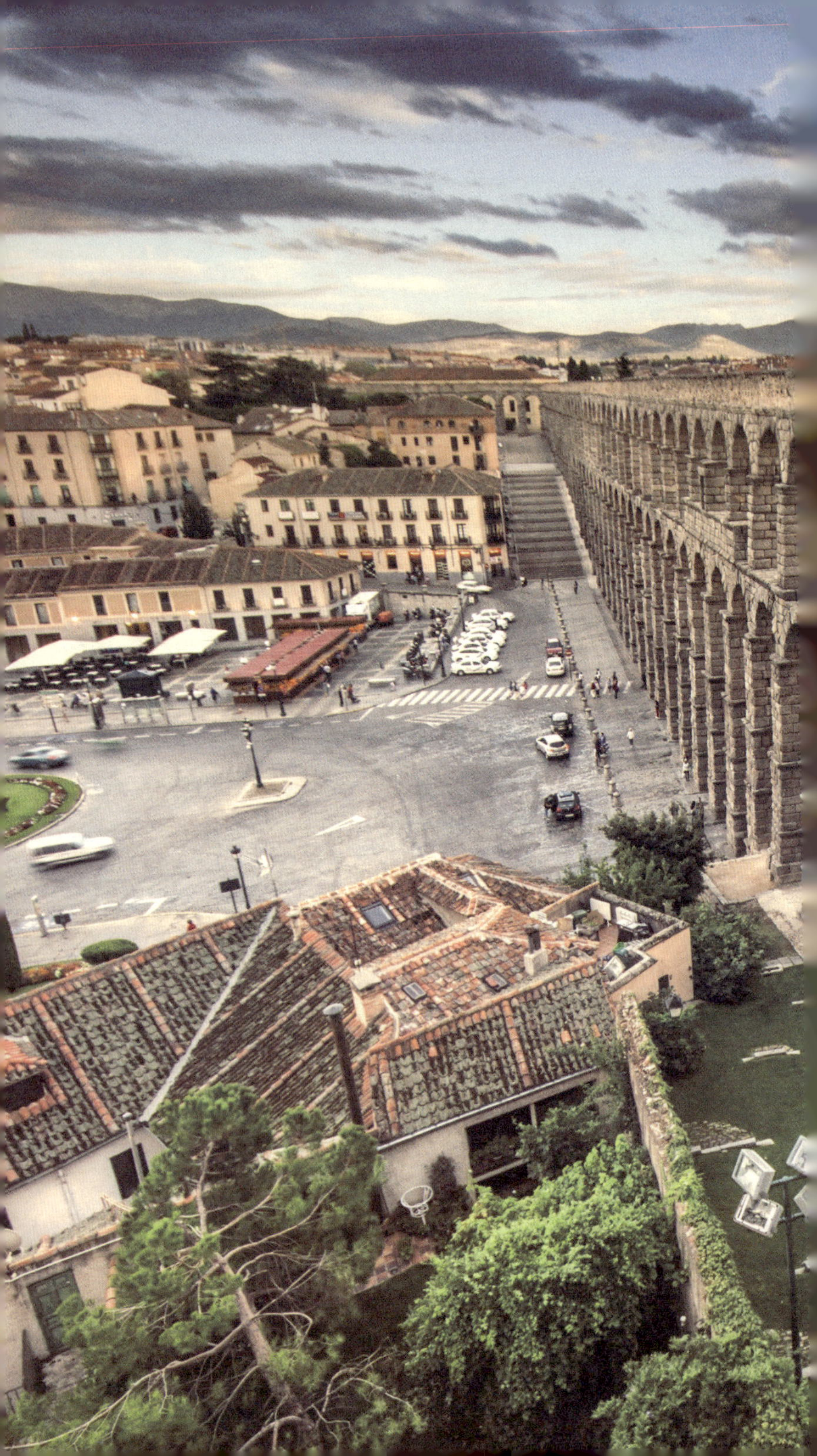

中部地区旅游热点

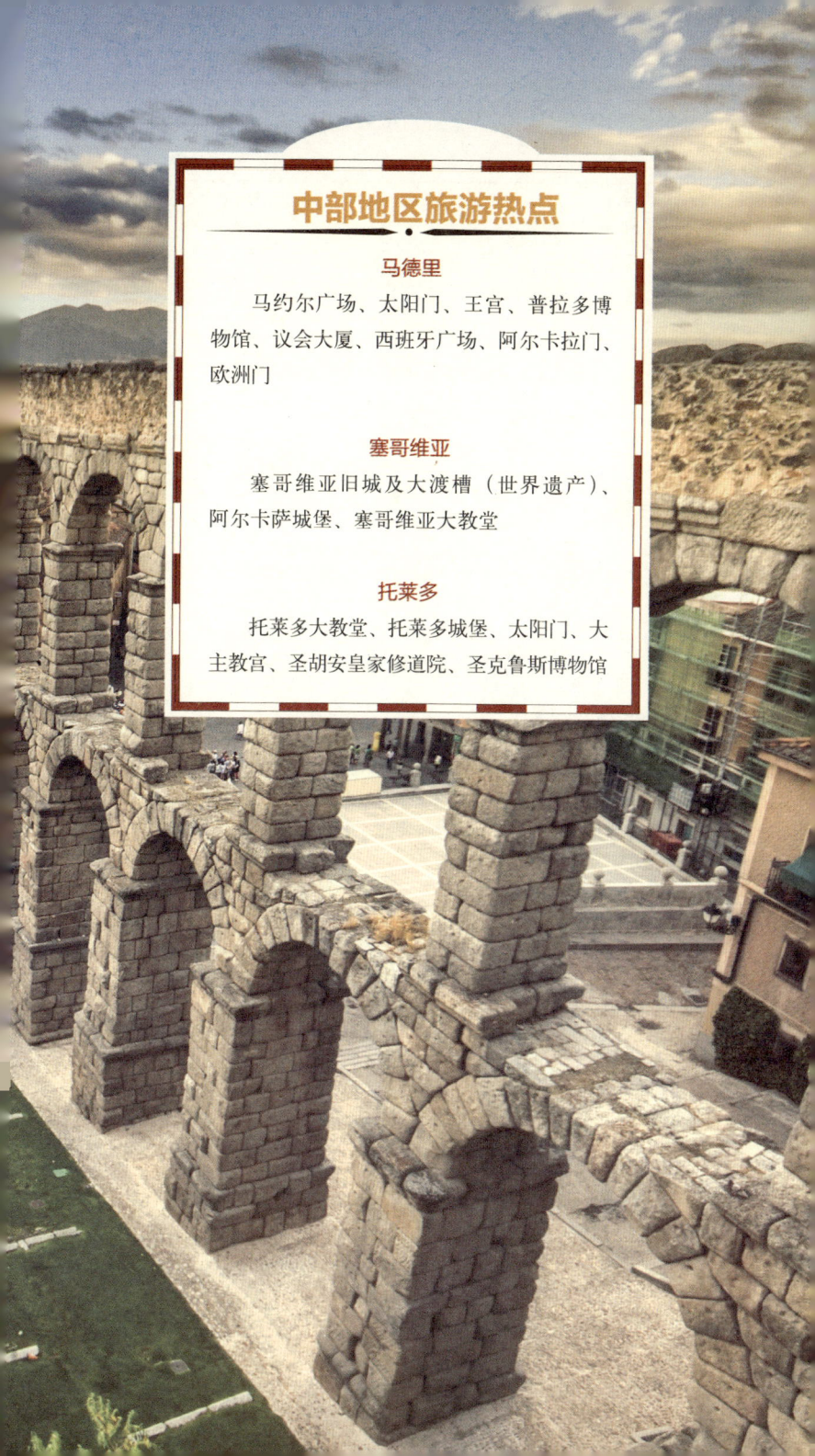

马德里

马约尔广场、太阳门、王宫、普拉多博物馆、议会大厦、西班牙广场、阿尔卡拉门、欧洲门

塞哥维亚

塞哥维亚旧城及大渡槽（世界遗产）、阿尔卡萨城堡、塞哥维亚大教堂

托莱多

托莱多大教堂、托莱多城堡、太阳门、大主教宫、圣胡安皇家修道院、圣克鲁斯博物馆

旅游资讯 地图导览

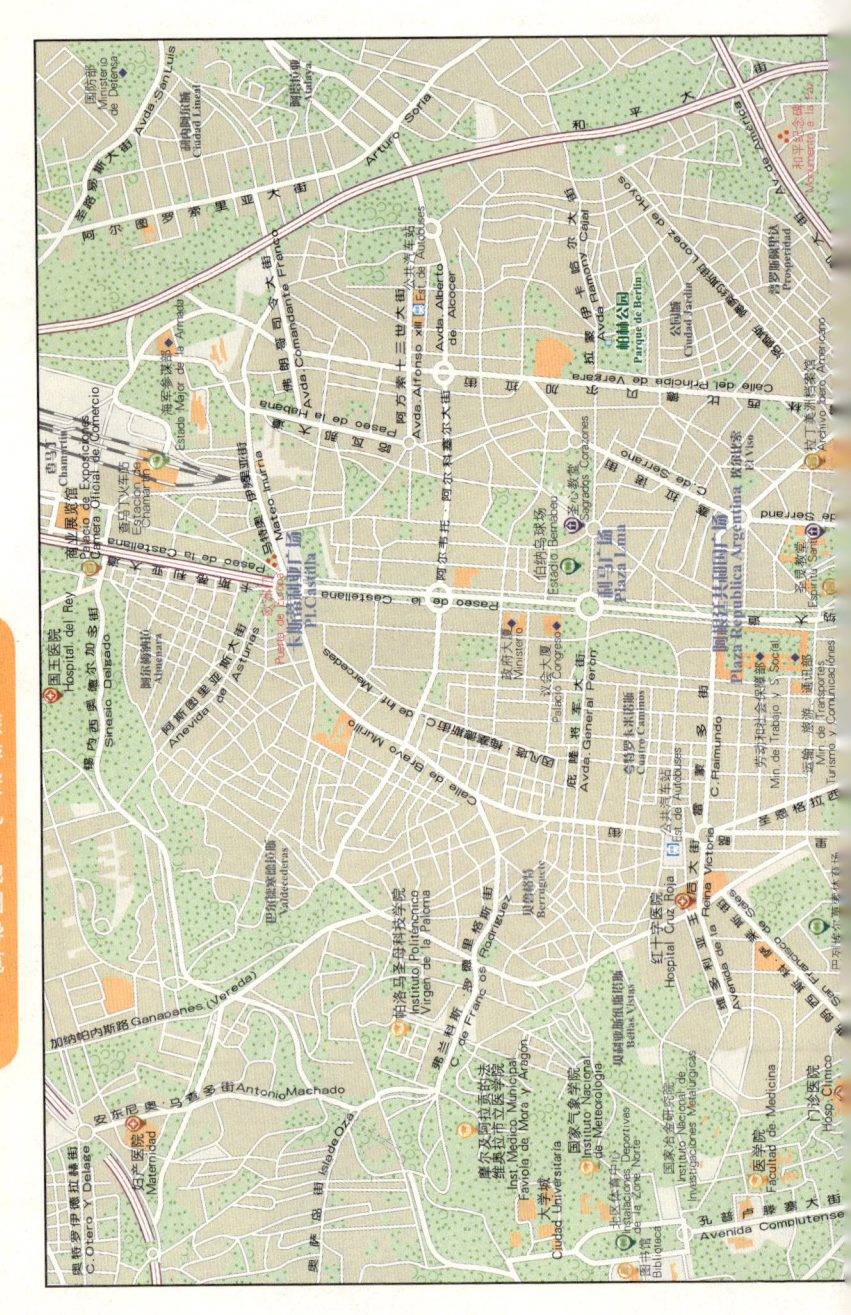

136

马德里 Madrid

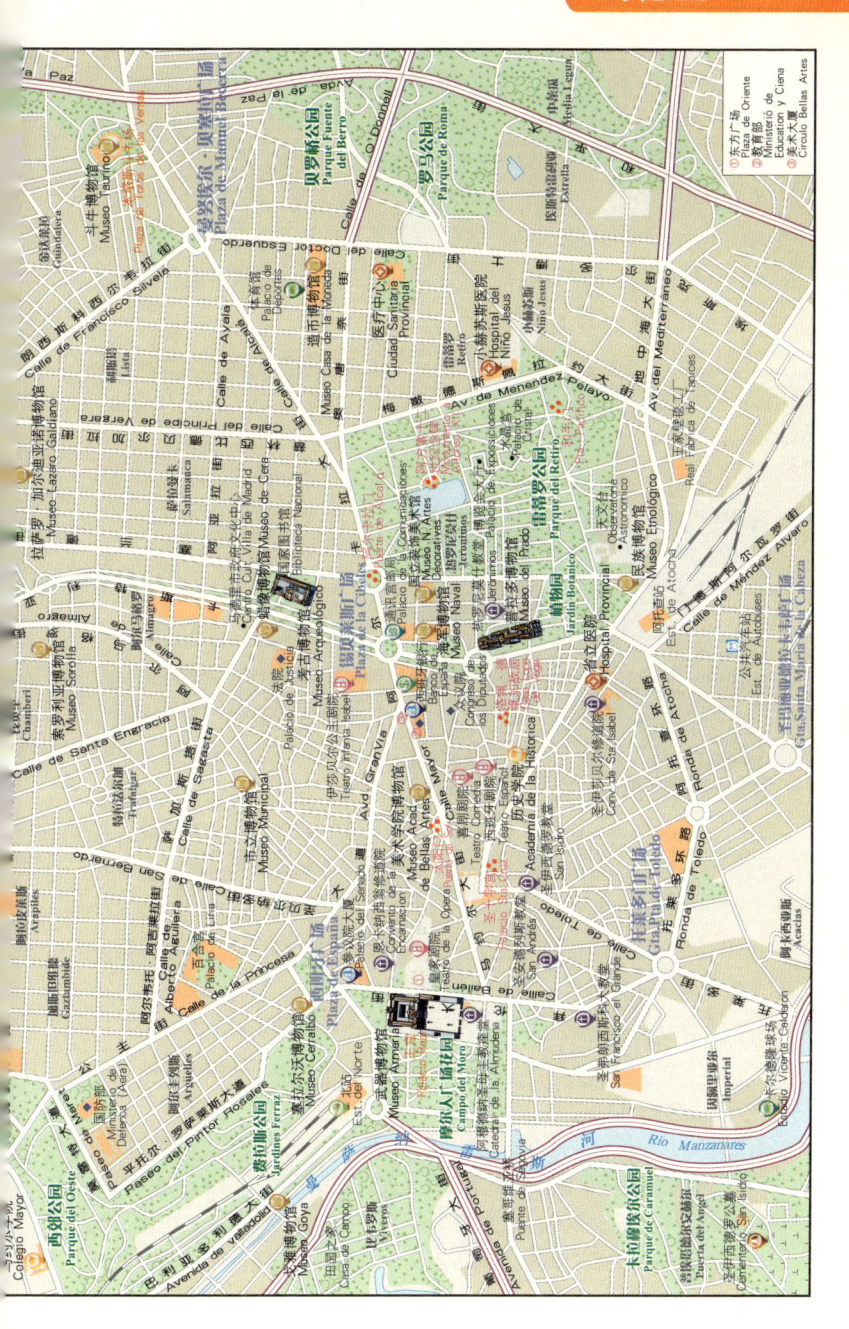

1. 马德里

在人类文明的历史长河中，马德里可谓是一颗璀璨明珠。这块古老而又肥沃的土地哺育的艺术家灿若繁星，他们为后人留下的艺术瑰宝无计其数。马德里又是一座充满现代气息的城市，是西班牙的文明象征。作为首都，马德里自治区首府，全国政治、经济和文化中心，马德里永远迈着时代的步伐不停地前进。那些标志性现代化建筑代表着这座城市充满无限生机和活力，保护完好的众多名胜古迹又赋予这座城市丰厚的文化底蕴。

马约尔广场

马约尔广场位于马德里市中心，1617年费利佩三世下令修建，1619年完工。这座远近闻名的广场呈长方形，四周是三层楼房，共有437个阳台，十分壮观。一层有几十家商店，里面的各种商品琳琅满目，令人眼花缭乱，各种手工艺品店、旧币店、邮票店、书店、蛋糕店、酒吧、餐馆布满四周。二层和三层是住宅，当年居住着134户人家。广场中央竖立着费利佩三世的铜像。他骑着骏马，身穿盔甲，手握宝剑，威风凛凛。马约尔广场自古至今都是市民的活动中心，重大节日时国王在阳台上主持庆典活动。足球豪门皇家马德里每当取得全国足球甲级联赛冠军时也在这座古老的广场举行庆祝活动。1631年、1672年和1790年曾发生过三次火灾，广场被烧毁，后又重建，但仍不失原貌。今日的马约尔广场一年四季游人络绎不绝。夜幕降临，广场灯火辉煌，游人川流不息。夏季，广场还举办消夏音乐会，伴随着悠扬的歌声和乐曲，人们聚集在广场，逛商店，喝咖啡，品尝美味佳肴，悠闲自得。马约尔广场是一个令人陶醉的地方。

太阳门

离马约尔广场不远便是著名的太阳门，被称之为马德里的心脏。因主门有一个太阳装饰物，故称太阳门。今日的太阳门已扩建成一个椭圆形广场。太阳门有悠长的历史，历经沧桑，是国家许多重大事件的见证。从空中鸟瞰，广场放射出十条街道。主门有一块石碑，上面刻有"零千米"字样，通往全国各地的公路从此点计算距离。12世纪广场面积很小，围墙矮小，15世纪进行扩建，后来成为市民聚会休闲的地方。广场中央是马德里城徽，一只半立的黑熊趴在一棵杨梅树上，体态憨厚可亲，十分生动。广场周围有14栋古代风格的楼房，其中邮局大楼始建于1766年，1768年完工，今天已成为马德里自治区政府所在地。广场四周是星罗棋布的大小商店、快餐厅、酒吧、书店和旅馆，其中全国最大的商业中心"英国商店"几乎占据了一整条街道，店内商品齐全，货真价实，顾客盈门。通往广场的十条街道商业气息十分浓厚，昼夜人来人往，熙熙攘攘。每年12月31日晚，市民们都要集中在广场举行送旧迎新活动。夜幕降临，马德里市民便纷纷来到广场，迎接新的一年到来。当马德里自治区政府大楼上的大钟敲响时，每人都吃一颗葡萄，伴随着12次钟声，大家吃完12颗葡萄，象征着在新的一年12个月中每个人每个家庭都能幸福、有好运。钟声结束，人们开始狂欢，载歌载舞，彻夜不眠。

太阳门广场

王宫

来到马德里，位于城西历代国王的宫阙是必须要参观的。这座白色大理石砌成的宏伟建筑又称东方宫，原址是阿拉伯人统治时期修建的一个古城堡。1734年被一场大火烧毁，1738年费利佩五世下令在城堡原址修建了这座宫殿，工期历时26年。宫殿是典型的巴洛克式建筑，气势磅礴，典雅壮观。宫殿呈凹字形，共四层，门窗、栏杆精雕细镂，顶部四周雕工精美，玲珑剔透。殿内为意大利风格，从宫殿正门进入宽阔的前厅，丹墙金柱，灿烂辉煌。然后拾级而上，两侧是汉白玉楼梯。宫内共有30个大厅，其中有金銮殿、宴会厅、金色厅、卡洛斯三世厅、加斯帕利尼厅、壁毯厅、瓷器厅等。每个大厅都是金碧辉煌，装饰别致，精巧华丽、陈设富丽，各种壁画、油画和雕塑等艺术品不胜枚举。宫内还珍藏着种类繁多的瓷器、钟表和金银饰品，件件工艺精湛。五光十色的玻璃吊灯、壁灯，金银玉器以及镶金的各种家具，琳琅满目，令人目不暇接。金銮殿更是华丽无比，中间是国王宝座，两边是一对金灿灿、十分威严的狮子，象征着国王的权力至高无上。穹顶是一幅以神话故事为题材，为卡洛斯三世歌功颂德的巨幅油画。整个画面色彩鲜艳，气

势宏大，人物栩栩如生。宫殿背后是御花园——摩尔公园。院内树色葱茏，小径纵横，池水清澈见底，林中鸟鸣不已，悦耳动听。从公园正门望去，顿时会发现这座白色殿宇原来是依山而建。黄昏，整个宫殿被抹上一层血红色，排排玻璃窗反射出道道斑驳陆离的光束，这座饱经沧桑的宫阙光彩熠熠，更显得雄伟壮丽。宫殿前方是东方广场，呈正方形，广场中间竖立着一尊费利佩四世的铜像，骑着一匹骏马，英俊威武。两边是20尊西班牙历代国王的雕像，其中有五尊西哥特王国君主和15尊收复失地运动时期北方基督教王国君主的雕像。这些塑像的雕刻艺术娴熟而又精细，达到了炉火纯青的程度，令人赞叹不已。

普拉多博物馆

普拉多博物馆又称普拉多画宫，坐落在马德里普拉多大道，是与法国罗浮宫、英国大英博物馆和俄罗斯埃尔米塔什博物馆齐名的世界四大博物馆之一。各国国家元首和政府首脑访问西班牙时，主人一般都安排参观这座远近驰名的艺术殿堂。这是一座典型的西班牙新古典式建筑，长200米，宽40米，外部用大理石和红砖砌成，颇有气势。

画宫始建于1785年，于1819年竣工。最初这座建筑是一座

马德里王宫

自然博物馆，自费尔南多五世起，历代国王都有收藏绘画和其他艺术品的爱好，费尔南多七世将这座建筑用于陈列宫廷画作。在150多个展厅中共珍藏15世纪以来西班牙和欧洲各画派绘画大师的作品8600

普拉多博物馆

多幅，其中西班牙作品占三分之一。按画派分类有意大利画派435位，其中有提香36幅，委罗内塞14幅，以及波提切利、拉斐尔、米开朗琪罗等著名画家的作品；法国画派157位、荷兰画派138位、佛兰德画派661位；德国画家鲁本斯83幅，还有丢勒的一部分作品；比利时画家坦耶斯39幅、尼德兰画家勃鲁盖尔140幅、博斯8幅，还有荷兰画家伦勃朗等大师的作品。西班牙国王费利佩二世对博斯等尼德兰的画作尤其欣赏。当然，西班牙画家的佳作在画宫占有重要的地位，其中里韦拉的作品约60幅、格雷科34幅、贝拉斯克斯50幅、戈雅114幅以及穆里约等人的多幅作品。画宫是一座综合性艺术博物馆，除大量绘画作品外，还珍藏5000幅素描、2000幅版画、1000多种硬币、700多件雕塑作品。在第32展厅集中展出了戈雅的几幅代表作，其中"裸体玛哈"、"着衣玛哈"堪称绝世无双，是戈雅1797—1780创作的。

议会大厦

在马德里圣赫罗尼莫大街有一座200多年前建成的新古典式建筑，如今成为国家议会大厦——众议院所在地。大厦始建于1843年，原址是一座修道院，1823年遭受一场大火，不久又重建。1834年，自由党政府曾把寺院作为政府临时会址，进步党执政后决定将其改建。1859年，伊萨贝尔二世亲自主持大厦竣工和启用典礼。此后大厦在国家政治风云变幻中越来越令人瞩目。大厦的整体设计体现了文艺复兴时期的建筑风格，正门的6根希腊科林斯式石柱擎起呈三角形的顶棚，两旁有两只铜狮守护着这座气魄雄伟、巍巍壮观的楼宇。正门上面的雕塑代表西班牙宪法，两边的群雕象征着国家的强大、正义、价值、知识、和谐、美德、农业、商业、河流、财富、和平。正门只有每年举行议会全会时才打开,国王由此步入议会大厅主持议会全会。中央大厅呈半圆形,众议院全会和辩论会在这里举行。主席台挂有一幅十分精美的壁毯,正面有西班牙国徽图案,两边是白色大理石雕刻的天主教双王的像,形象逼真,技法娴熟,充满了艺术魅力。

还有两幅油画非常值得观赏,一幅是1295年玛丽亚·德莫利娜在巴利阿多里德议会上向议员介绍她的儿子费尔南多四世的情景;另一幅是1812年在加的斯议会上议员宣誓的情景。正面墙壁上有四幅浮雕,象征航海、农业、商业和科学。穹顶是一幅油画,中间是伊萨贝尔二世画像,熙德、哥伦布和塞万提斯等历史名人在女王周围。1980年、1994年、2006年大厦先后三次进行内部装修和扩建,现代化的设备为政治家们有效管理国家提供了更优越的条件。大厦的功能十分齐全,除中央大厅外还有小会议厅、议长办公室、部长会议厅和图书馆等。1981年2月23日,在这座大厦里发生过一次重大历史事件。这一天,在中央大厅正在召开议会全会,以特赫罗中校为首的一小撮敌视国家民主化进程的民防军右翼分子突然闯入大厅,鸣枪威胁并命令与会的政府成员和全体议员卧倒在地。接着,政变分子扣押了政府首相苏亚雷斯和西班牙工人社会党总书记冈萨雷斯、西班牙共产党总书记卡里略等政治领袖。这就是有名的"2·23"政变。在国家面临民主化进程夭折的危机关头,胡安·卡洛斯一世身穿三军最高统帅服,于当晚发表电视讲话宣布不支持政变,要求军队立即回到军营,政变以失败而告终。今天,中央会议大厅穹顶上的累累弹痕仍然保留着,成为"2·23"政变的历史见证,时刻警示人们永远珍惜来之不易的和平与民主。

普拉多博物馆

西班牙广场

　　从东方宫出发，往东走数百步便到了闻名遐迩的西班牙广场。这座全国最大的广场兴建于20世纪初，面积3.9万平方米。西班牙广场之所以有名气，是借助于伟大文学家塞万提斯的名字和他的著作《堂吉诃德》。广场中央竖立着一尊塞万提斯铜像，他仪态端庄，气宇轩昂，右手捧着自己的传世之作《堂吉诃德》，披风掩着他在勒班陀海战中失去的左手，炯炯有神的双眼闪烁着才华横溢的光芒。塞万提斯塑像下方是小说的主人公堂吉诃德和他的侍从桑乔。堂吉诃德骑着一匹瘦马，手持长矛，随时准备去冒险和战斗的样子，神态滑稽可笑；

桑乔牵着自己心爱的驴，一副憨厚的神态。纪念碑最上方是一个地球，背面是一尊西班牙妇女雕塑，手拿着一本书。群雕寓意很深，意味着塞万提斯创作的《堂吉诃德》是一部名著，深受西班牙人民和全世界人民所喜爱。广场周围有两座现代化的建筑，一座是马德里塔，另一座是西班牙大厦，20世纪曾是全国最高建筑。纪念碑四周是草坪、花坛、喷泉。广场被车水马龙的繁华街道所环绕，噪音虽然不断，但人们还是喜欢来到这里亲眼目睹塞万提斯的形象。这位文学大师给后人留下的不仅仅是一部小说，而且还是一笔巨大的精神财富。塞万提斯这个光辉的名字永远同他的祖国联系在一起。

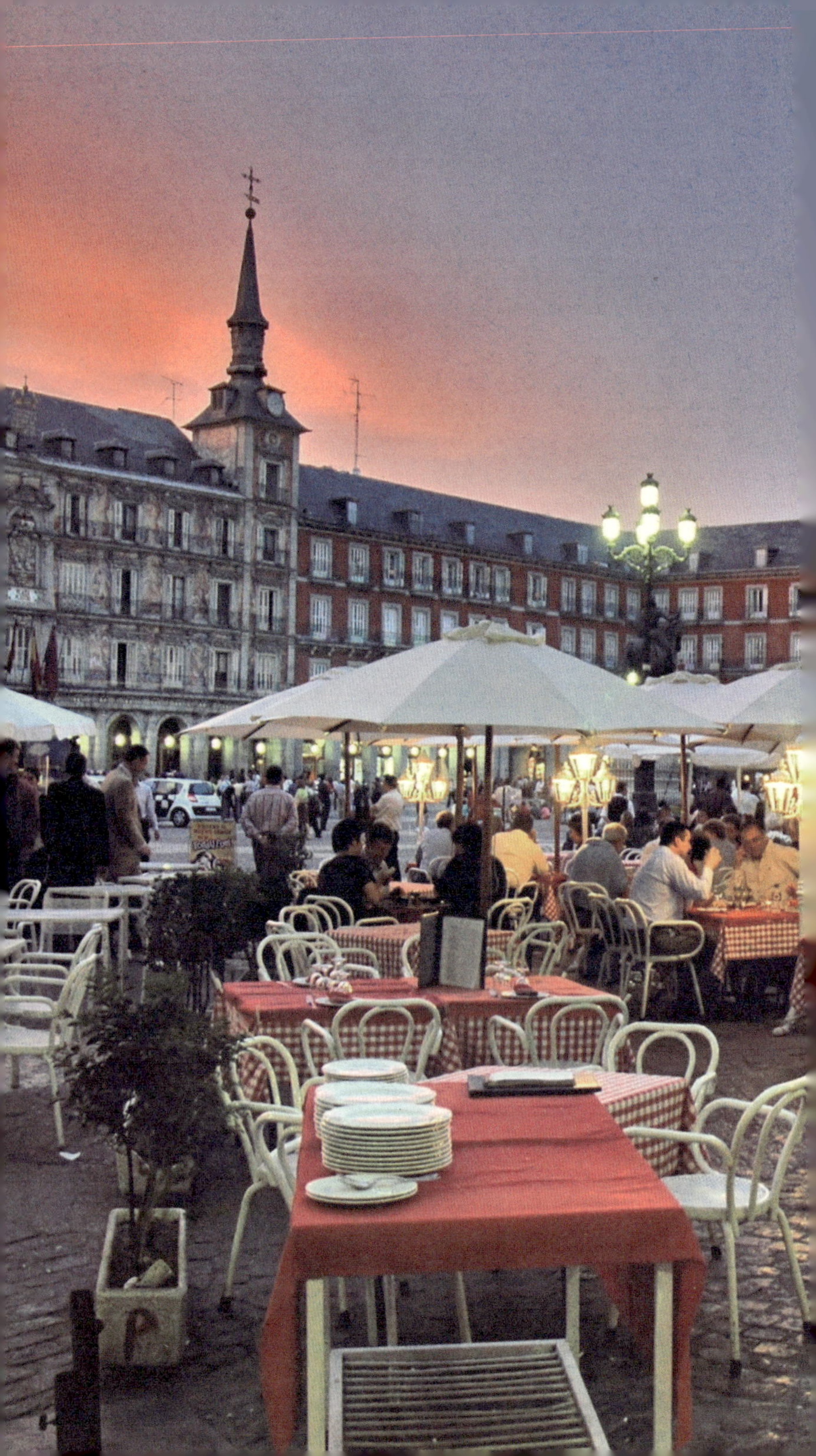

马德里西班牙广场

阿尔卡拉门

古时候，马德里是一座城堡，为了防御外来侵略和控制商品出入便修筑了城墙。1561年，费利佩二世将王宫从托莱多迁至马德里。此后，历代君主不断扩建城区，修筑了5座皇家大门和14座小门。阿尔卡拉门是5座皇家大门之一。1580年，西班牙发生瘟疫，为了防止瘟疫蔓延，阿尔卡拉门关闭，后被称为阿尔卡拉大街瘟疫之门。1599年，费利佩三世的妻子玛加丽塔从巴伦西亚来到马德里，在阿尔卡拉门举行了盛大仪式欢迎这位王后。此后，国王和王后均由此门出入马德里，因而被誉为"凯旋门"。

1769年，费利佩五世的儿子卡洛斯三世来到马德里继承王位，也是从阿尔卡拉门进入马德里，但他并不喜欢这座门，于是决定拆掉重建。1769年开工建设，1778年大门主体竣工。这座气势宏伟的建筑由花岗岩砌成，中间有3座上方呈半圆形的拱门，两边各有一座小拱门。整个门楼有许多精美的雕塑工艺，这些群雕形态生动，独具匠心。但是，整座大门却没有卡洛斯三世的塑像，仅在中间的拱门刻有"卡洛斯三世·1778年"这几个字。阿尔卡拉门建成后，重大庆典活动都在此举行。它竖立在独立广场，是阿尔卡拉大道的起点，旁边是雷蒂罗公园，向前通往西韦雷斯广场和太阳门。夜间，阿尔卡拉门被灯光照射，放射出一种神圣的光芒。站在独立广场望着这座象征独立的恢宏建筑，情不自禁地想起当年西班牙人民在争取民族独立的斗争中所付出的巨大代价，今天他们比以往任何时候都更加珍惜来之不易的独立和自由。

阿尔卡拉门

欧洲门

欧洲门

　　欧洲门坐落在卡斯蒂利亚广场，雄居卡斯蒂利亚大道两旁，共27层，高114米，是全国第二高度，仅次于特内里费圣克鲁斯市的圣克鲁斯塔。欧洲门的建筑风格独树一帜，是两座各自向内倾斜15度的双子塔，远胜于意大利比萨斜塔的倾斜度。两座楼的楼顶相对，十分接近，酷似一座天然拱门。楼底错开，横跨30米的距离。这是20世纪80年代世界上最高的倾斜式摩天大楼。从塔顶鸟瞰，只见卡斯蒂利亚大道上汽车川流不息，人群蠕动，顿时会有一种摇摇欲坠的感觉。这座气势宏伟、颇为壮观的现代化建筑左边为1号塔，右边为2号塔。为了区分两座高塔，1号塔上的直升飞机停机坪为蓝色，右边的为红色。1号塔带有马德里储蓄银行和班吉亚金融集团标志；2号塔带有雷阿利亚房地产公司的标志。大楼对外租用，其建筑结构、整体布局、功能设计、信息系统等都是世界一流的。把这座大楼赋予"欧洲门"这个名字别具一番含义。独裁者佛朗哥统治时期，西班牙在国际上长期处于孤立。佛朗哥去世后，西班牙开始民主化进程，受到欧洲国家的欢迎。经过不懈努力，今天的西班牙已经完全融入欧洲大家庭。这座大楼似乎是在向世界宣告，在冲破了封建主义的羁绊、结束了独裁统治后，西班牙成功地实现了民主化进程，成为欧洲大家庭的一员。从此，欧洲大门永远向西班牙敞开着，穿过欧洲之门，就是通往欧洲团结联合的大道。

2. 塞哥维亚

塞哥维亚风景优美，埃雷斯马河和克拉莫雷斯河穿城而过，从空中鸟瞰，就仿佛是一条巨大的帆船，十分壮观。这座古色古香的城市，有蜿蜒曲折的狭窄街道，还有众多历史遗迹，当你漫步在古朴的大街小巷时，会不禁被那浓郁的文化气息深深吸引。

塞哥维亚旧城及大渡槽

罗马渡槽是塞哥维亚最具标志性建筑，因罗马帝国时期所建而得名。但这座具有两千多年历史的建筑，其兴建具体时间不详。据推测，可能建于公元1—2世纪，阿拉伯人侵占塞哥维亚城后，这座宏伟建筑被部分破坏，15世纪重新修复。自渡槽建成起，城民就一直饮用渡槽的水。来到引水桥脚下，昂首仰望，势若飞虹，蔚为壮观，你会顿时被它的宏大气势所震撼，被它的建筑工艺所折服。很难想象，这座横空出世的渡槽全部用巨大的石方垒砌而成，不用任何灰浆和黏合剂，这充分表现出建设者的聪明和智慧。这条迄今世界上保存最完好的渡槽，经过两千多年风风雨雨的洗礼，仍蔚然屹立，像是这座山城的大门，堪称世界建筑学、工程学中的一个奇迹。更令人惊叹的是渡槽迄今仍然作引水之用，造福于塞哥维亚市民。1985年，塞哥维亚旧城及大渡槽被联合国教科文组织列入世界文化遗产名录。

罗马渡槽

阿尔卡萨城堡

城堡规模虽然不大，但却有很高的知名度，因为它与西班牙中世纪历史紧密地联系在一起。城堡前身兴建年代不详，可能建于罗马帝国后期。1122—1155年阿方索六世下令扩建，13世纪费尔南多三世和阿方索十世下令整修扩建。

15世纪特拉斯玛家族长期居住在塞哥维亚，胡安二世和恩里克四世又大兴土木，将城堡改建成十分华丽的王宫。阿方索十世非常钟爱这座城堡，将其作为他的寝宫，直到去世。14世纪，城堡成为两大贵族集团斗争的场所，他们扩大防御工事，驻扎炮兵部队。恩里克四世住在这里时，在城堡上建起了塔楼，使整个建筑更加壮观。1764年，卡洛斯三世在该城建立了皇家炮兵学校。城堡盘踞在一块巨大的山包上，居高临下，山下是一望无际的平原和蜿蜒曲折的河流，景色迷人。也正是这个原因，卡斯蒂利亚王国的君主们对城堡喜爱有加，长期居住在这里，过着奢华的生活。

16世纪，城堡改成一座监狱。城堡内有若干个华贵大厅，富丽堂皇，风格各异。旧宫大厅由阿方索八世所建，阳光透过成对的高大窗户照得大厅金光灿烂，华丽无比。墙面带有穆德哈尔风格，厅内藏有15世纪德国式的盔甲。枪炮厅仍保持费利佩二世时期布置，家具是16世纪的，墙上挂着费利佩二世和费利佩三世的画像，还有一幅16世纪制作的挂毯，画面以圣母婚礼为故事题材。金銮殿与枪炮厅相连，殿内穆德哈尔装饰保存完好。1456年，遭到一场大火后重修，不过柱顶石膏雕刻仍然保留原样。御座上方的穹顶有天主教双王画像图饰。窗户上的玻璃有恩里克四世的画像。帆船厅建于1412年，柱子仍然保留穆德哈尔风格。一扇窗户玻璃上刻有恩里克二世和他的家人的画像，另一扇窗户玻璃上刻有佩德罗一世和胡安二世去世的场面。有一面墙的画面特别引人瞩目，表现的是在塞哥维亚马约尔广场举行的伊萨贝尔加冕卡斯蒂利亚女王的场面。这是穆尼奥斯·德巴勃罗斯的杰作。菠

阿尔卡萨城堡

萝厅十分华丽，特别是厅内石膏柱子上的画非常精美，展现的是天使手擎卡斯蒂利亚－莱昂王国的国徽，窗户玻璃上刻的是阿方索七世和美丽的贝伦格拉公主。王室厅是国王和家人的寝室，进入大厅能看到当年国王用过的床和床上用品。国王厅内珍藏着几幅珍贵的油画很值得一看，一幅是费利佩二世的画像，还有两幅是他的两个妻子的画像，画工非常讲究，形象逼真。另外，厅内还有阿斯图里亚斯王国、莱昂王国和卡斯蒂利亚王国历代君主的塑像。站在城堡上环顾四周，塞哥维亚城尽收眼底，这座古老的军事要塞不仅是这座古城的守望者，而且也是这座古城日新月异变迁的见证者。

塞哥维亚大教堂

最初的建筑在公社起义战争中遭到破坏。1525年，卡洛斯一世下令重建，是西班牙乃至欧洲兴建较晚的一座哥特式教堂。当时，文艺复兴风格的建筑在欧洲已经风靡一时。教堂造型优美，线条细腻，错落有致，有"西班牙大教堂中的贵妇"之美誉。

这座宏大而又秀丽的建筑工期长达两个多世纪，虽然换过多名建筑师，但其哥特后期风格保持了惊人的一致和协调。钟楼最初设计高

塞戈维亚大教堂

旅游资讯 地图导览

度为105米，是西班牙教堂钟楼第一高度，但为了避免雷击将高度减为88米。教堂穹顶高度为67米，外观颇有气势。穹顶和塔楼分别于1615年和1620年完工，均出自胡安·德穆加古伦之手。教堂共有三个纵殿和一个半圆形后殿。中央大殿长105米，宽50米，粗大的柱子挺立在大殿中，高达33米。窗户镶嵌着彩色玻璃，刻画的是《圣经》美丽的故事。主祭坛是1614年由迭哥·卡萨多、佩德罗·布斯蒂略和胡安·加西亚等人参与设计和兴建的。后堂、阳台长廊、透雕窗台、飞檐、窗户等具有很高的艺术含量。穹顶为十字形，属陶立克风格。装饰屏是卡洛斯三世赠送给教堂的。耳堂中有许多绘画和雕塑艺术佳作。其中一个耳堂有一幅胡安·胡尼于1571年创作的题为"神圣的葬礼"装饰屏，画面十分生动。圣殿堂前厅带有许多复杂花叶形装饰。大殿的三扇大门，十字形穹顶，是建筑师罗德里格·希尔亲手所建。夜幕降临，灯光照射着大教堂，璀璨夺目，人们情不自禁地赞叹建筑师们的巧妙设计。是他们用自己丰富的智慧和想象力创造了这部建筑史上的经典作品，使它与塞哥维亚这座古城建起了千古纠缠和魂牵梦萦的情节。这座教堂不知疲倦地叙述着历史，给后人以美丽、文明、诗意般的享受。

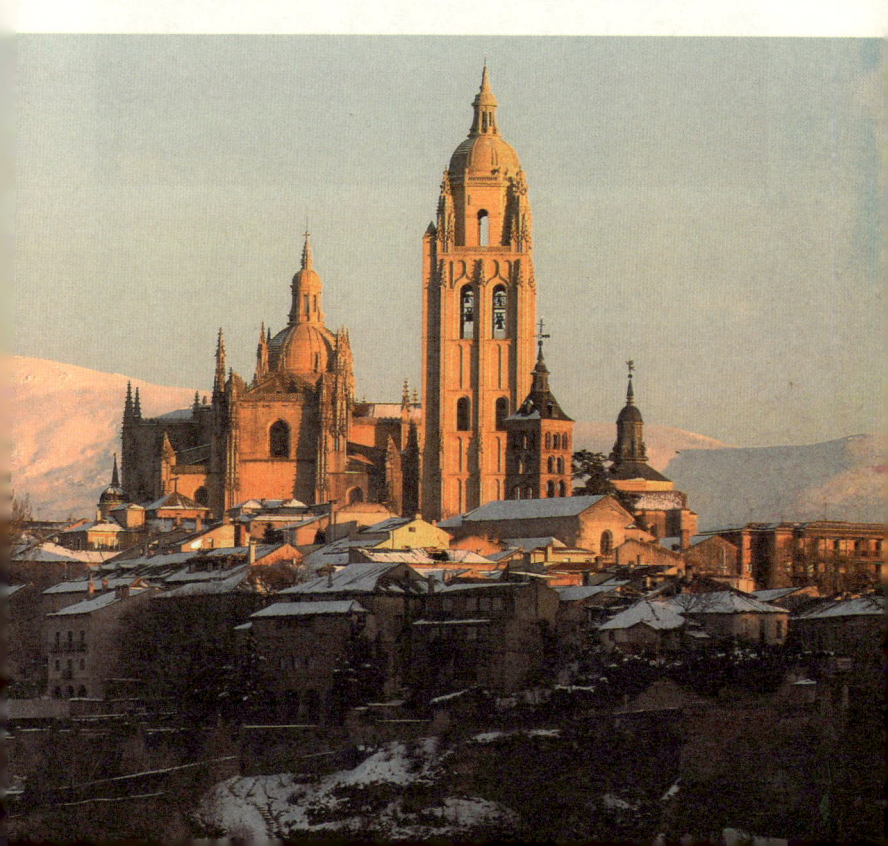

3. 托莱多

千年古城托莱多风景十分优美,悠久的历史和文化给这座城市披上了一层神秘的面纱,时刻欢迎人们前来了解它的一切。整座托莱多古城以其古老的历史以及独特的艺术成就深受人们喜爱,已被列入世界遗产名录。

托莱多

托莱多大教堂

远近闻名的托莱多大教堂是世界规模最大的天主教堂之一,也是西班牙首席红衣大主教所在地。这座位于托莱多市中心的恢宏建筑,参观一次宛如细读一部西班牙历史书。教堂的变迁与西班牙发生的重大历史事件密切相关。公元414年,西哥特入侵西班牙,动摇了罗马帝国在西班牙的统治。尤里克执政时期(446-484年),西班牙大部分地区已在西哥特王国的统治之下。雷卡雷多统治时期(586-601年),为了巩固在西班牙的统治,取缔了阿里乌斯教,皈依天主教,并于587年在托莱多兴建了天主教堂。公元589年,雷卡雷多在托莱多召开第三次主教大会,托莱多从此成为主教所在地。公元711年,阿拉伯军队占领托莱多后把这座教堂拆毁,改建成清真寺。1085年,阿方索六世攻占了托莱多后宣布尊重不同民族信仰,下令保护这座清真寺。但是,阿方索六世这种对异教的容忍态度却引起王后康斯坦丁和主教贝尔纳德·德塞迪拉克的不满,他们趁阿方索六世不在托莱多,擅自把这座清真寺改为圣母玛丽亚大教堂。

1226年,费尔南多三世和托莱多大主教罗德里格斯·西门内斯·德拉达决定扩建教堂,自奠基开工到1493年竣工,整整用了两个半世纪的时间。这是一座典型的哥特式建筑,极少部分结构具有伊斯兰教穆德哈尔风格。大教堂正面辟有三扇大门,中间为"宽恕门",左边为"地狱门",右边为"公道门"。塔楼高90米,建于1380至1440年,哥特式风格。挂在最高点的大钟重17515公斤,1753年铸造。教堂南侧辟有两扇门,分别为"平门"和"狮子门",因柱子上有许多狮子浮雕而得名。南侧入口是一扇钟门,门上是以天使和《新约》等宗教故事为题材的群雕,造型优美,神态自然。教堂主体分为3个大殿,主殿长100米,宽60米,高30米,由88根圆柱支擎,十分壮观。窗户用14、15世纪的彩色玻璃镶嵌,阳光透过窗户照射殿堂,五光十色,变幻无穷。两侧还有4个小殿和15个耳堂。唱诗室位于主殿中央,有两排木雕座椅,下排为哥特式,刻有54幅展现基督教王国为收复失地与阿拉伯军队作战的场面,其中有卡斯蒂利亚王国军推翻阿拉伯最后一个王朝——格拉纳达王朝,占领格拉纳达城的壮观场面。这是1495年罗德里戈·阿莱曼创作的作品。上排座椅为文艺复兴式,有72个座位,雕塑题材是"旧约"和"新约"故事场景,堪称卡斯蒂利亚雕刻经典,这是雕塑家阿隆索·贝鲁格特的代表作。中殿尽头是祭坛,一尊制作精美的耶稣受难像和精致的栏杆把中殿和后殿分开。祭坛画屏属西哥特式晚期作品,画面人物是耶稣和圣母玛丽亚。四周墙壁有浮雕、塑像、壁龛和各种徽章,装饰十分讲究。祭坛两边是红衣主教门多萨和卡斯蒂利亚王国阿方索七世、桑乔三世和桑乔四世的棺椁。祭坛后面是一块彩色玻璃窗和楚利盖拉式的圣餐台。屋顶开了一扇天窗,阳光照射到殿内,大放异彩。参观托莱多大教堂你会感到西班牙

托莱多大教堂

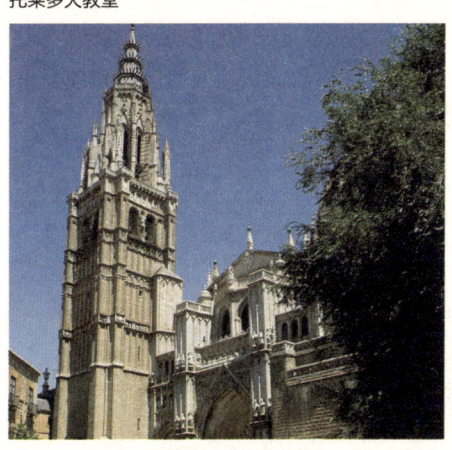

不乏杰出的建筑艺术家，他们的创造力和想象力是如此丰富，给后人留下的不仅是供人鉴赏的艺术品，更重要的是他们对艺术认真的态度、执着的精神和超凡的想象力。耳堂布局精巧，艺术造诣很深。例如，圣地亚哥祠堂、伊德尔方索祠堂、新王祠堂等等。圣地亚哥祠堂建于15世纪，哥特式建筑，创建者是卡斯蒂利亚王国时期的军事统领阿尔瓦罗·德卢纳，建筑师是保罗·奥尔迪斯。这里安放着阿尔瓦罗·德卢纳和他的妻子胡安娜·皮门特尔的石棺。伊德尔方索祠堂中央安放着红衣主教阿尔沃诺斯的棺椁。在墙壁上安放着伊尼戈·洛佩斯·卡里略·德门多萨和胡安·德孔特雷拉斯的棺椁。新王祠堂建于16世纪，带有花叶形装饰，十分美观，配有一个圣器室，是为安葬恩里克二世和其他几位国王而建。周围是他们的塑像，雕工十分精美。

托莱多城堡

这座有上千年历史的古城堡位于托莱多市的最高点，依山而建，3世纪是罗马帝国的一个宫殿，阿方索六世和阿方索十世先后重建。城堡地基呈四边形，城墙两角竖立着塔楼。1535年，卡洛斯五世下令改建，西班牙古典式风格更加突出。费利佩四世的遗孀玛丽亚娜和卡洛斯二世的遗孀玛丽亚·安娜曾住在这里。城堡东侧和北侧属西班牙古典式晚期风格。1710年城堡被一场大火烧毁，1810年法国侵略军占领托莱多后城堡再次遭到破坏，1867—1882年多次重建，1887年再次被烧毁。1936年，西班牙内战爆发，在城堡发生了一场叛军和共和军的激战。叛军上校何塞·莫斯卡尔多坚守城堡达70天，共和军未能攻陷。1936年9月28日，叛军指挥官何塞·恩里克·瓦雷拉击退共和军围剿。次日，叛军首领佛朗哥亲临城堡慰问叛军官兵。这次战役使城堡再次遭到严重破坏，墙体留下的累累弹痕，至今依稀可辨。这座城堡从罗马帝国的一座小小宫殿到西班牙内战时期共和派和佛朗哥叛军的战场，成为绵延上千年历史最有力的见证。

托莱多城堡

圣胡安皇家修道院

太阳门

太阳门建于14世纪末,是进入托莱多城的一道主门,可谓是观光托莱多的一道"名菜"。太阳门为典型的阿拉伯风格,高大挺拔,令人瞩目。之所以称其为太阳门,主要是因为门上有太阳、月亮的图案,再者是此门位居子午线零度上,从日出到日落,日光总能照到此门上。拱门上方呈半圆形,石砌而成,墙齿、墙裙和雉堞均用砖砌成。

太阳门

大主教宫

13世纪,阿方索八世赞助大主教罗德里戈·希门内斯·德拉达几栋位于大教堂附近的房产。此后,经过数次扩建和改造,成为今日跨越三条街道的宏大建筑群。15世纪,门多萨大主教建起了第一座拱门,并与临近的一座教堂连接起来。1543年,在红衣主教塔韦拉的倡导下再次扩建。18世纪,阿方索·科瓦鲁维亚斯又进行了改建。宫殿正门面向市政府大楼,墙面用红砖砌成。大门由两根巨大的半圆形石柱所支撑,顶部用两组群雕为装饰,人物形象生动。窗户上的铁艺栏杆造型别致,十分讲究,把整个楼宇的外观装扮得美观而又质朴大方。

圣胡安皇家修道院

圣胡安皇家修道院位于犹太区中心,为哥特式风格,并采用穆德哈尔装饰加以塑造,使其成为这座城市中的一大亮点。修道院的教堂装饰华丽,回廊上的伊斯兰雕刻精美绝伦,这些细致的美景都令人流连。修道院中的光线充足,种有橘树等果树,因而还透露着一丝田园气息。沿楼梯上二楼,在高处欣赏伊斯兰风格的几何和植物图案雕刻,也是一大看点。此外,在修道院外墙上还悬挂着在与阿拉伯人的战争中获得自由的基督徒镣铐,格外引人注目。

圣克鲁斯博物馆

圣克鲁斯博物馆曾是弃婴和孤儿收容院,享有天主教君主——伊萨贝尔女王的资助。建筑本身就是一处可观的古迹,堪称是以复杂花叶形装饰为特点的银匠式建筑中最辉煌的经典之作之一。这座艺术巅峰建筑中,尤以巧夺天工的主立面与前厅的三个入口、专供贵族使用的内庭回廊以及将两层建筑相连的楼梯最引人注目。博物馆分为三个部分:其一是用来展出格雷科等画家的美术作品,其二展出古罗马时代的镶嵌砖和其他考古文物,其三主要展出一些装饰艺术品。踩在咯吱咯吱的地板上,观赏一流的展品,也别有一番趣味。

托莱多圣克鲁斯博物馆

圣胡安皇家修道院

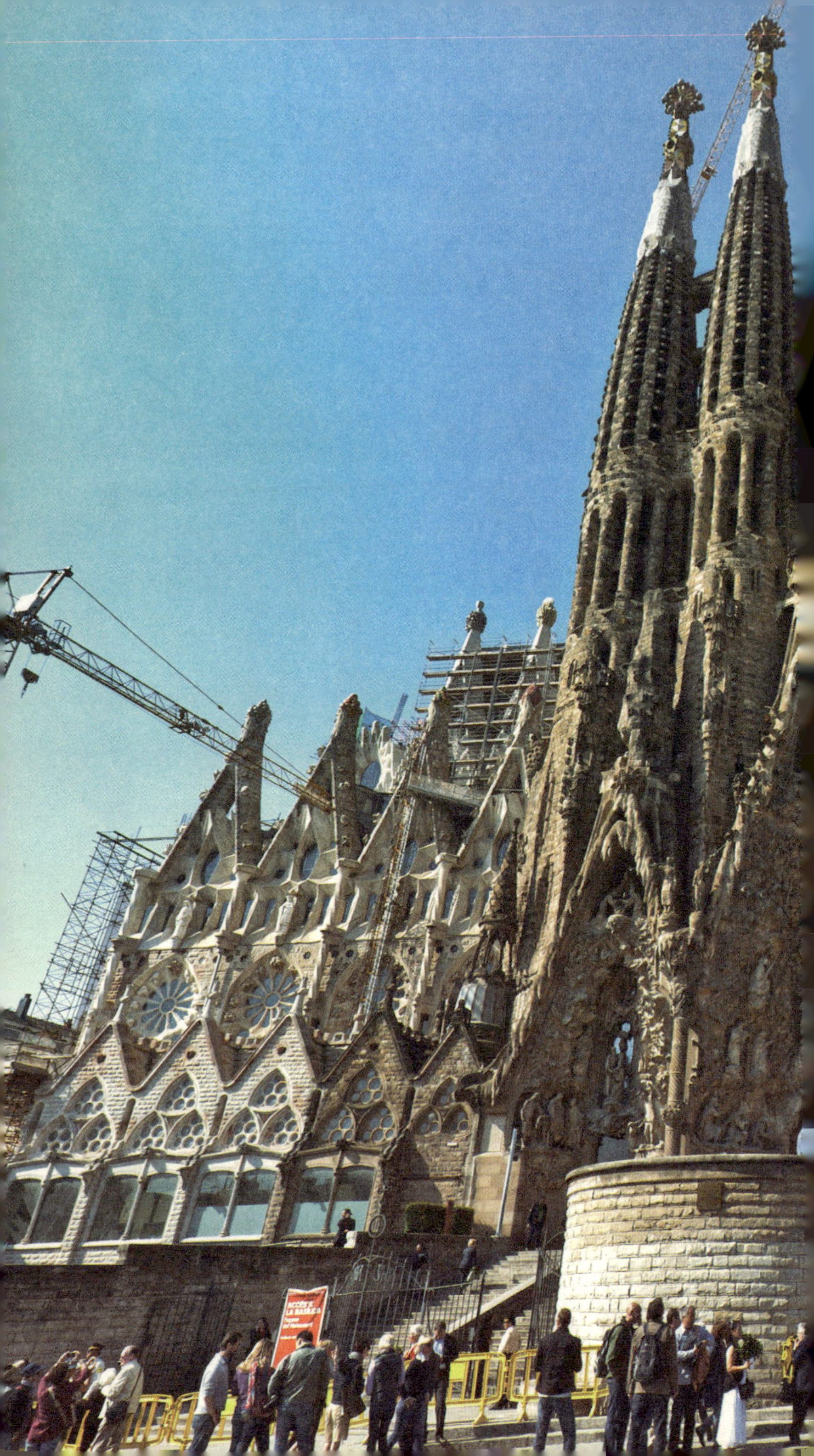

东部地区旅游热点

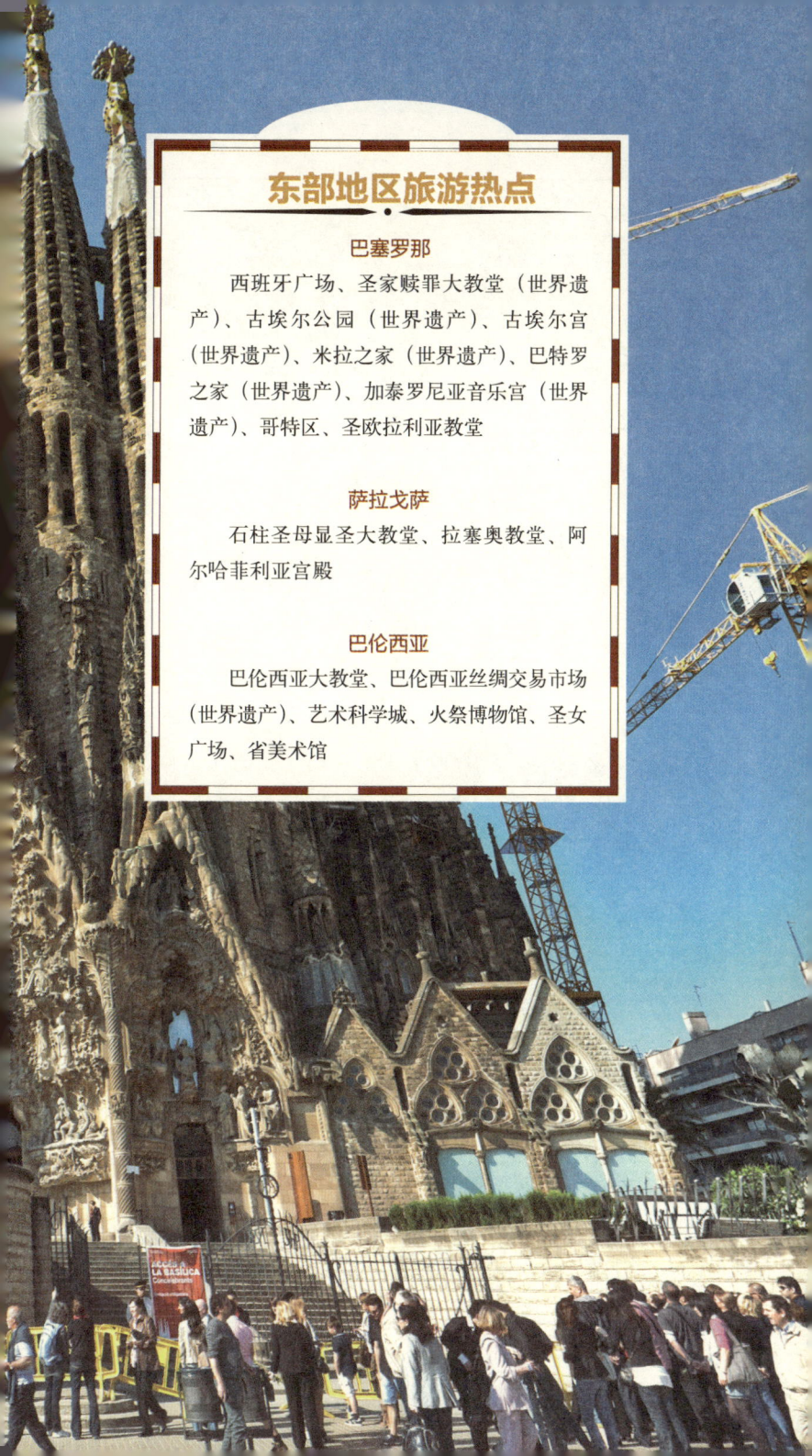

巴塞罗那

西班牙广场、圣家赎罪大教堂(世界遗产)、古埃尔公园(世界遗产)、古埃尔宫(世界遗产)、米拉之家(世界遗产)、巴特罗之家(世界遗产)、加泰罗尼亚音乐宫(世界遗产)、哥特区、圣欧拉利亚教堂

萨拉戈萨

石柱圣母显圣大教堂、拉塞奥教堂、阿尔哈菲利亚宫殿

巴伦西亚

巴伦西亚大教堂、巴伦西亚丝绸交易市场(世界遗产)、艺术科学城、火祭博物馆、圣女广场、省美术馆

旅游资讯 地图导览

巴塞罗那 Barcelona

1. 巴塞罗那

美丽滨城巴塞罗那享有"欧洲之花"之美誉,是一座充满生机和活力的现代化之城。拥有悠久的历史与文化,这里的环境孕育出众多名胜古迹,这些美景让每个来到巴塞罗那的人深深折服。

西班牙广场

1929年世界博览会在巴塞罗那举办,为此修建了这座面积达3.4万平方米,仅次于马德里的西班牙广场,是全国第二大广场。广场离米拉公园不远,整体布局和谐对称,正面有一对红色方形的威尼斯塔,被称为蒙锥山的"双子门"。与广场中央圆形结构塔式喷泉遥相呼应,由此上山便到了国家宫。喷泉中央的高塔十分优美,装饰精致,特别是塔上的几组群雕,构思巧妙,寓意深刻。塔基有三个水眼,喷出三条水流,象征着西班牙埃布罗河、瓜达尔吉维尔河和塔霍河分别流向地中海、大西洋和坎塔布连海湾,三条水系紧紧地环抱着伊比利亚半岛。这些群雕刻工精细,展示了古典式建筑风格的魅力。水池上有三组雕塑,代表果实、水、财富、健康、渔业和航海。塔的三根立柱代表宗教、英雄主义和文化艺术。广场是全城交通枢纽,连接议会大道、平行大道、塔拉戈纳大街,通往加泰罗尼亚艺术博物馆。广场周围有拉斯阿雷纳斯商业中心(旧斗牛场)、广场酒店和威尼斯塔。这些宏伟的建筑,给广场增添了恢宏的气势和诱人的色彩。

巴塞罗那西班牙广场

圣家赎罪大教堂

凡是到过巴塞罗那的人无不被"圣家赎罪大教堂"这座充满艺术魅力和奇妙梦幻的建筑所震撼。无论身处巴塞罗那的哪一个角落,都能看到大教堂的塔尖。来到教堂眼前,翘首仰望,建筑华丽无比,令人赞叹不已。如果乘电梯登上教堂顶端,全城尽收眼底,一览无遗。这座神殿是书商何塞普·玛丽亚·博卡贝利亚受神父何塞普·曼亚内特的启发提出的创意,旨在鼓动对圣家族等宗教社团的崇拜,在青少年中宣传和普及基督教信仰和教育。为了筹集资金,何塞普·曼亚内特神父成立了圣何塞信徒协会。1882年3月19日,正值圣何塞日举行了奠基仪式,1883年8月25日正式开工。建筑师弗朗西斯科·比利亚尔是工程总负责人,当时大建筑师高迪还只是他的一个助手。在施工过程中弗朗西斯科·比利亚尔与另一名建筑师胡安·马托雷利就设计和施工方案发生分歧,最后由高迪接手设计工作。这是高迪设计的现代派建筑中的代表作。圣家赎罪大教堂迄今尚未完工,但每年接待参观者达500万之多。最初的设计思想是新哥特式建筑,在施工过程中高迪又不断思索和创新,多次修改设计方案。这座伟大的建筑花去了高迪整整42年的心血和精力,直到1926年去世。此后,这项巨大的工程由高迪的助手多米尼克·苏格拉涅接替。1936年,西班牙内战爆发,高迪的工作室被破坏,图纸失踪,工程被迫中断。1944年复工后,一批建筑大师围绕如何忠于高迪生前的设计思想争论不休。1987年,工程由霍尔蒂·博内特·阿门戈尔接手。

高迪的设计思想是把教堂打造成一座象征主义建筑,对这座建筑最突出的修改和创意是18座尖塔,其中最高的一座达170米,象征耶稣;另一座高120米,象征圣母玛丽亚。这18座尖塔高高耸立,直插云霄,高低不一,错落有致。教堂共有3座大门,每

圣家赎罪大教堂

座门建有4座尖塔,这12座尖塔代表耶稣的12门徒。还有4座尖塔象征着福音传教士。教堂的三个立面描写耶稣出世、蒙难和上帝的荣耀,大量精美雕塑再现了《圣经》里的故事和场景。高迪去世时,仅建好教堂的耶稣诞生门和一座尖塔。来到神堂面前,需要后仰才能看到塔顶,给人以惊险无比、摇摇欲坠的感觉。这些塔楼外形奇特,螺旋式

地向上延伸，无数窗户整齐地排列着，点缀效果非常奇特。高迪为了牢固地竖起这些尖塔，运用数学、几何、力学，经过无数次实验最后作出精密的计算。神殿内更是神奇无比，螺旋形的楼梯，绮丽的马赛克装饰，以《圣经》中的故事为题材的群雕，如犹太国王希律屠杀儿童令人恐怖的场面等等，其中有许多雕塑是高迪亲自设计和制作的。神殿地下有7个小教堂，神圣家族祭坛居中。穹顶是一幅工艺精湛、五彩缤纷的浮雕。教堂后殿是为圣母玛丽亚而建，内有7个小教堂，象征圣何塞的七种痛苦和欢乐。正门叫"降世"，象征耶稣降生，3个门廊象征神三德，即左边门廊象征望，右边象征信，中间象征爱。两根柱子把门廊分开，一根称圣何塞，另一根称圣母玛利亚。"受难门"于1954年开始施工，尖塔于1976建成。通过雕塑和各种严肃苦涩格调的装饰记录了耶稣被钉在十字架的痛苦过程。"受难门"同样有象征神三德的三个门廊。"天堂门"是主门，规模最大，由此通往主殿。

　　高迪去世后安葬在这座神殿的地下室，仿佛还在指挥着他生前未完成的这一伟大创举。现在的建设者已经是第五代了，可以预见的是最后完工还需要几代人的努力。也有人说，建设者们并不想过早完工，这样会更增加人们对这座伟大建筑的神秘感和诱惑力。2005年联合国教科文组织将高迪生前完成的工程列入世界文化遗产名录。

圣家赎罪大教堂

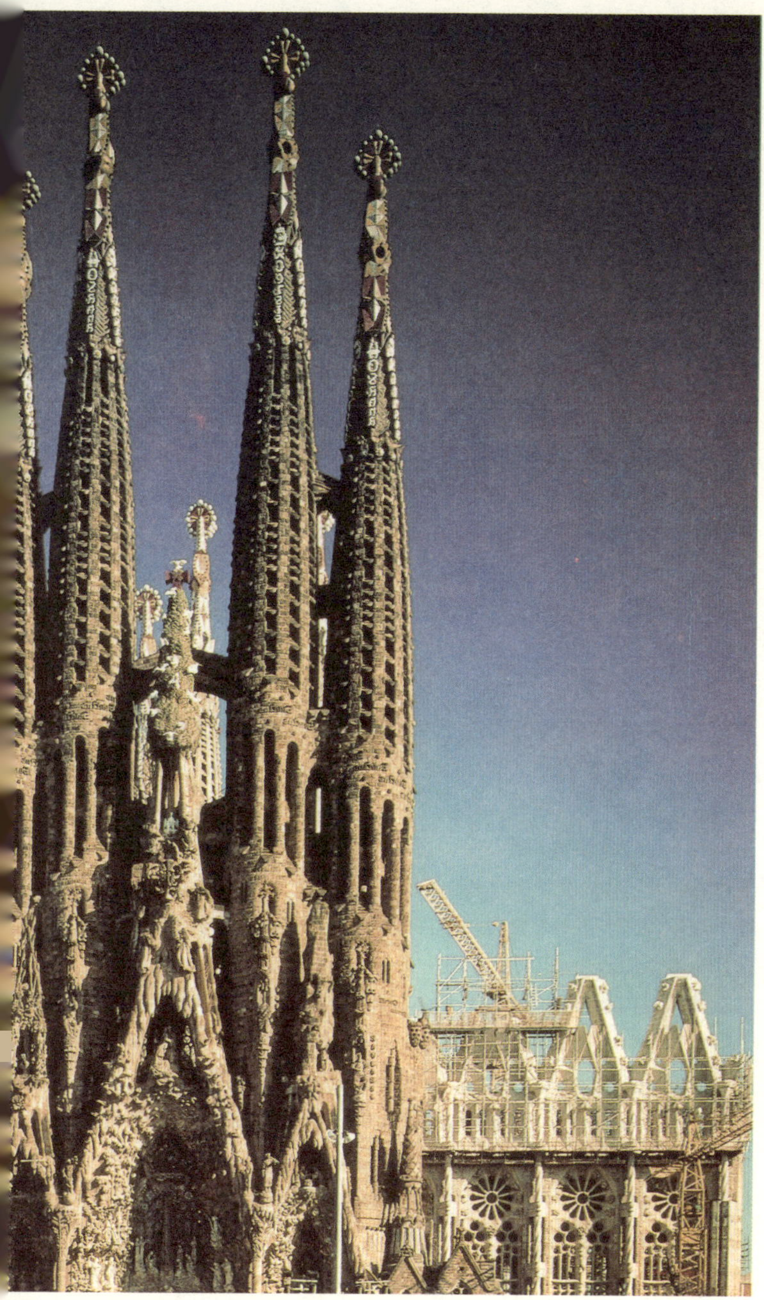

古埃尔公园

古埃尔公园是建筑大师高迪充满想象力的一部建筑作品，始建于1900年，坐落在离提比达沃山不远的卡尔梅洛山丘的斜坡上，居高临下，视野开阔，站在山顶能眺望大海。最初，这块风水宝地是高迪挚友欧塞比·古埃尔的一座私人庄园。古埃尔是一位富商，又是一个奇想联翩的人，1910年阿方索十三世册封他为伯爵。古埃尔委托高迪设计这座公园的初衷是把这个山丘变成一个富人居住的英国式的花园城。高迪欣然接受了朋友的委托，充分利用山丘优越的地理位置精心设计出一部自然主义作品，充分体现了高迪在建筑艺术方面的天赋和大胆创新。公园把大自然与建筑、艺术与人文、审美与现实有机地结合在一起。1914年因第一次世界大战工程中断，此后断断续续施工，最终也未能完全按照高迪的设计方案完工。尽管如此，公园仍不失为高迪的一部超现实主义佳作。1918年古埃尔去世后，他的家人把这座公园转让给巴塞罗那市政府，1922年对公众开放，1984年被联合国教科文组织列入世界文化遗产名录。

进入公园，立即给人一种奇特的神秘感，仿佛置身于一个童话世界。公园除正门外，另有6个入口。正门两边是两座小楼，造型古怪奇特，外墙镶嵌着五颜六色的陶瓷片，耀眼夺目，典型的自然主义风格。现在这两栋楼分别用于公园门卫和办公。露天阶梯建于1900年，1903年竣工，是进入广场中心的必经之路。阶梯分三组，第一组有11个台阶，然后分成两组阶梯，各有12个台阶，两边阶梯相对称。三组阶梯中央有一座蝾螈雕塑，代表火和龙的意思，雕工精细，栩栩如生，如今已成为公园和巴塞罗那的象征之一。高迪巧妙运用政治和宗教元素，赋予这座公园丰富的想象力和宗教色彩。按照高迪的设计思想，进入公园通道象征着升入天堂，那是一个宁静幸福的空想世界，而公园内的氛围则表现加泰罗尼亚主义意境，即崇高的人间和精神世界。在中心区有3座喷泉，象征加泰罗尼亚国——北加泰罗尼亚、南加泰罗尼亚等。露天阶梯上方是著名的"百柱厅"，顾名思义因厅内有一百根石柱而得名。其实，厅内只有86根柱子，高6米，直径1.20米。柱子用灰浆和碎石垒成，大理石贴面。外部的柱子略微倾斜，这是为了保持力的平衡。厅的圆顶有4座飞檐，象征一年四季。"百柱厅"周围是广场。高迪的最初设想是在这里开设一个市场，方便居民购物，但这个计划未能实现。现在，这里经常举行音乐会和其他文化活动。中心广场面积3000平方米，呈椭圆形，建于1907—1913年，周长110米，呈蛇形。

表面使用高迪传统的陶瓷片和玻璃镶嵌，十分美观。广场地面没有铺设任何材料，为的是充分储存雨水用来浇灌花木。为此，修建了一个储水量很大的地下储水池。广场实际上是一座古希腊式剧场，也可以举行大型文化和宗教活动，如今已成为人们漫步休闲场所。园内跨线桥是高迪又一绝妙设计，桥上可以通车，桥下是人行道，总长3千米，蜿蜒曲折，堪称是一条艺术长廊。上段是罗马风格，中段是巴洛克风格，下段是哥特风格。尤其引人注目的是"玫瑰路"这一段，宽10米，是在古罗马帝国统治时期修建的马路基础上改建的。这条柱廊用形状不规则的石头垒砌而成，略有倾斜，是为了承重，达到力的平衡。有斜坡的一段呈螺旋状，没有一根是笔直的，酷似热带雨林中的树干。在"玫瑰路"旁有一栋引人瞩目的楼房，当年高迪曾住在这里（1906—1925年）。根据高迪遗嘱，这栋房屋后来卖给了一对意大利夫妇，款项用于继续修建圣家赎罪大教堂。1963年高迪之友协会赎回这栋房屋，开设了高迪博物馆，馆内展出高迪一生从事建筑事业的辉煌成就以及他的杰出作品。漫步古埃尔公园，不仅能得到美的享受，而且会得到许多启示，人的创造力是无穷无尽的，只要你能执着地去追求和努力。

古埃尔公园

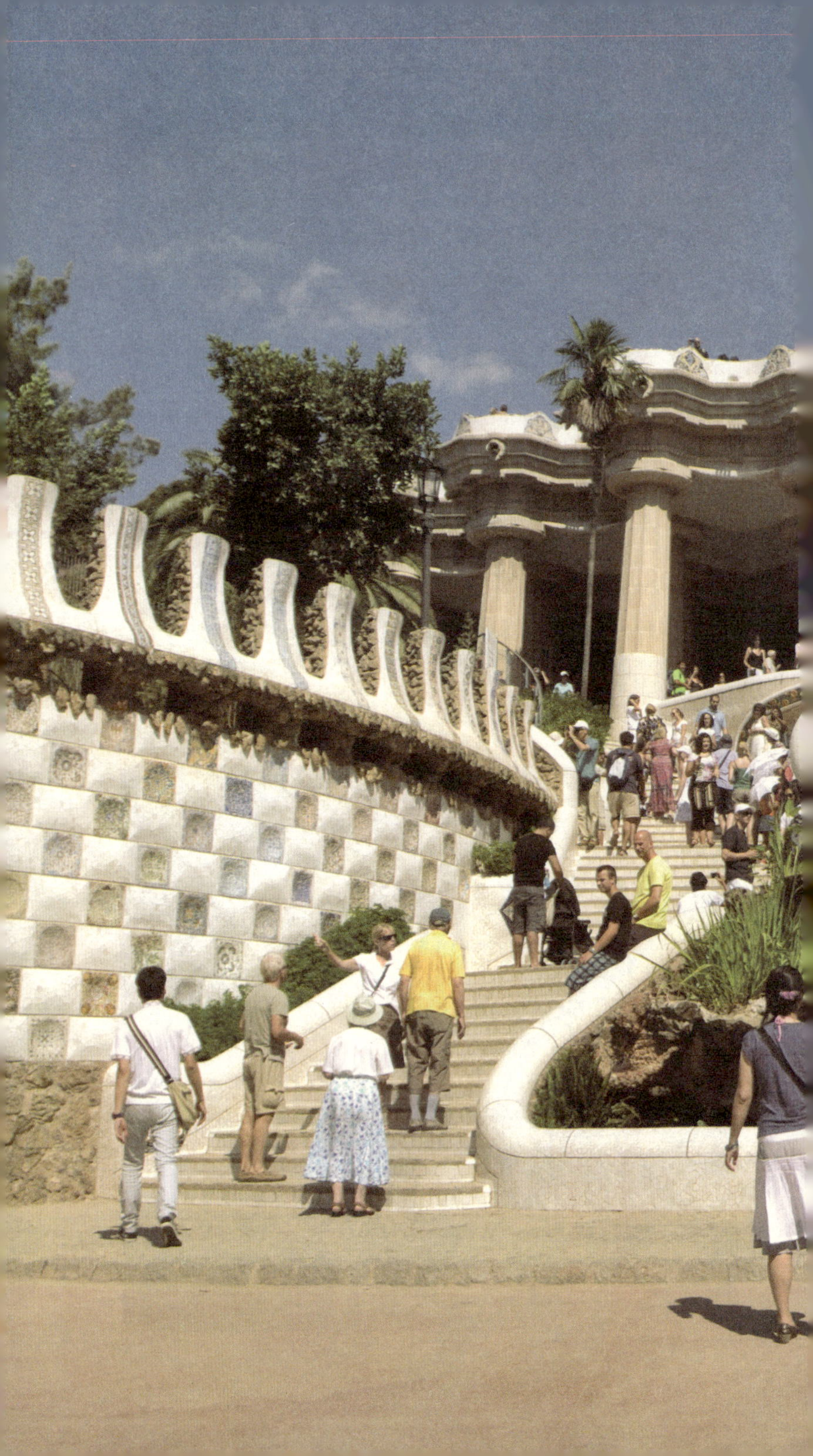

古埃尔公园

古埃尔宫

　　古埃尔宫是高迪又一个代表作，也是确立他在西班牙建筑界至高地位的作品。这座构思和设计奇妙的宫殿建于1886年，竣工于1890年，展现的是加泰罗尼亚现代建筑风格。古埃尔伯爵与高迪不仅是挚友，而且在建筑艺术方面是知音，他们共同合作在巴塞罗那设计和兴建了造诣很高的作品，并且都是以古埃尔命名的，古埃尔宫是其中之一。古埃尔的父亲去世后，他继承了在兰布拉大街的一栋房产，后来他又把邻接的几栋楼房买下。当时，古埃尔已经结识了高迪并对他的建筑思想和才华十分欣赏。于是，他请高迪帮助把这几栋楼房改造成一栋加泰罗尼亚贵族式的豪宅。高迪欣然接受了古埃尔的这一请求，开始精心设计。他将传统建筑艺术的精华与自己独特的设计理念相结合，设计了这座具有阿拉伯、拜占庭和穆德哈尔式东方特色的作品。由于旧楼群位于一条十分狭窄的街道上，行人很难看到整栋楼的正面。高迪则对正门进行精心设计，流线型的铁艺栅栏大门，加泰罗尼亚国徽、

旅游资讯　地图导览

双翼飞龙,清晰地进入人们的眼帘。大门十分宽阔,马车和汽车都可以出入。为此,高迪在地下室专门建造了一个十分宽敞的马厩,通道是一条螺旋式阶梯。楼的中心部位是客厅,周边均是豪华的小客厅。从贵宾通道进入一层是各式客厅,包括古埃尔的办公室。一层有一个小教堂,内有12幅耶稣门徒画像,祭台有一座圣母玛丽亚像。二层是寝室,三层是服务间。楼内的装饰基本是阿拉伯和穆哈德尔风格。楼顶共有12个烟囱,呈几何图形,贴面都是五颜六色的瓷片,显得异常华丽。中央大厅顶端外部突出部分呈灯塔形,瓷片贴面。

1888年,正值世界博览会在巴塞罗那城堡公园举行,古埃尔举行了这座豪宅的竣工典礼。实际上,内部装修到1890年才结束。历史上有许多名人到此参观过,如哈布斯堡王朝的玛丽亚·克里斯蒂娜摄政女王、意大利国王翁贝托、美国总统格罗弗·克利夫兰等。漫步在繁华的兰布拉大街上,首先映入人们眼帘的就是古埃尔宫。这座超凡脱俗、融合东西方建筑艺术风格的楼群给人以无限美的享受。1984年,古埃尔宫被联合国教科文组织列入世界文化遗产名录。

巴塞罗那古埃尔宫上的烟囱

米拉之家

米拉之家是一座六层楼房，坐落在德格拉西亚大街，因楼面看似完全用石头垒起来的，故又称"石头房"，建于1906年，1910年完工，是高迪受当地富商佩雷·米拉夫妇之托设计的。楼房上半部用白色瓷砖垒砌，酷似一座雪山，但错落有致。这是高迪现代主义建筑风格的代表作，其巧妙之处在于利用垂直的几何线条把墙面勾勒出蜿蜒起伏的曲线平面，即流线结构，给人一种强烈的立体感。楼顶的烟囱是戴头盔士兵的奇特造型，十分引人瞩目。入口的拱门由石头砌成，上端的檐口则呈波浪形，刻有无数玫瑰花朵，把墙面点缀得十分美丽。楼内有两个天井，一个呈圆形，另一个呈椭圆形。楼内的石膏挂顶有许多装饰，如海浪、章鱼、海螺和各类海底植物，非常逼真。1909年，高迪与米拉围绕楼内的装饰方案发生分歧，不再参与这项工程的实施，但整体格局没有太大的改变。这座怪异的楼房历尽沧桑，几易其主。1986年这座楼房被加泰罗尼亚储蓄银行收购后，多次重新装修，现已对外部分开放，游人可参观第四层、后院、顶部平台。这座荒诞不经的建筑与圣家赎罪大教堂和古埃尔公园一起成为巴塞罗那城的象征，每年引来无数游客和好奇者。如今，米拉之家已成为文化艺术中心，一层专门作为展览厅和视听厅，还有一个现代家具陈设厅。阁楼和屋顶平台是"高迪空间"展厅，介绍这位建筑大师的设计思想和奇妙构思。不过，这座奇特的楼房在建筑界和市民中曾引起很大争论，其中不乏各种批评，认为它从设计到建造完全脱离了加泰罗尼亚传统的建筑艺术。但是，迄今人们对高迪在建筑方面非凡而又大胆的创新精神还是给予极高评价。1984年，米拉之家被联合国教科文组织列入世界文化遗产名录。

米拉之家

巴特罗之家

巴特罗之家建于1904—1906年，也是高迪的代表性建筑。这座建筑的主题为大海，建筑正面是海面，下面是海底和海底洞穴，镶嵌有彩色陶瓷和玻璃的外墙在阳光的照射下显得格外漂亮，充满了梦幻色彩，倘若晚上前来观赏则又是另一番景致。公寓中的每项设计都具有特别的意义，如楼顶呈十字架状的烟囱代表英雄，如同鳞片般拱起的屋顶代表的是巨龙的背脊，而整个房子的构架也参照了人骨的造型。房间的内部也被装点成海洋的世界，就连高迪自己也曾经激动地称它为"看起来像是一座天堂的房子"。2005年，联合国教科文组织把它列入世界文化遗产名录。

巴特罗之家

巴特罗之家

加泰罗尼亚音乐宫

　　这是一座音乐与建筑结合的艺术殿堂，坐落在阿尔塔·圣佩德罗大街，建于1905—1908年，由巴塞罗那著名建筑师路易斯·多梅内克·蒙塔内尔设计，是加泰罗尼亚现代派建筑代表作。多米尼切把建筑和音乐元素完美地结合在一起，相得益彰，使之成为现代建筑艺术史的一枝奇葩。音乐宫的玻璃墙体，五彩缤纷的玻璃窗户，刻工精美的雕塑，色彩艳丽的陶瓷马赛克，玲珑剔透的铁艺装饰，堪称建筑艺术的经典，展现了多梅内克的独创性和丰富的想象力。音乐宫正门是以加泰罗尼亚民歌为题材的群雕，场面宏大，人物繁多，有歌唱家、社会名流，也有农民、老人和儿童，每个人物形象都十分生动，意在表达音乐属于人民的深邃思想。作者十分重视建筑群的外观，正门用红砖和陶瓷片砌成巨大柱子。一层阳台的14根圆柱用马赛克贴面拼图，显得十分华丽。舞台拱门是象征民族和古典音乐的群雕，背景墙上的缪斯女神等雕塑以及斑驳陆离的玻璃画窗户把整个建筑组合成一部完整、富有活力和色彩斑斓的艺术品。庭院、演出厅和教堂三者相对称，合理的布局使演出厅能最大程度地采光，舞台设计追求最佳音乐效果。这座音乐殿堂曾是加泰罗尼亚无伴奏音乐团总部大楼，不少世界级音乐家、指挥家和合唱团都曾在这里举行过盛大演出活动，1997年被联合国教科文组织列入世界文化遗产名录。

加泰罗尼亚音乐宫

巴塞罗那哥特区

哥特区

　　哥特区位于市中心，是巴塞罗那古城的一个缩影。异国游客来巴塞罗那都会满怀兴致地到哥特区一游，把古城悠长的历史留在自己的脑海里。

　　罗马帝国统治时期，巴塞罗那是一个城堡，4世纪罗马人修起了城墙。这座古城墙高9米，厚3.65米，总长1.27千米，城门楼呈正方形和多角形，用于城防。13世纪海梅一世统治时期，城墙重建，并兴建了居民区。在教堂广场还保留一段阿拉伯人修建的城墙和罗马人修建的渡槽。哥特区长期与外界隔绝，直到19世纪才对外界开通，城内面貌开始发生变化，一部分城墙被拆掉。

　　梅塞德教堂位于哥特区的梅塞德广场，建于1765—1775年，是为巴塞罗那守护神梅塞德女神兴建的。加泰罗尼亚建筑师何塞普·马尔·多达尔设计了这座巴洛克风格的教堂。13世纪、14世纪和15世纪又进行了改建和扩建。教堂分为中殿和侧殿。扶墙是哥特风格，十字堂的穹顶由数根希腊科林斯风格的石柱支撑，十分壮观。特别是圣母梅塞德塑像是一件不可多得的艺术品。中门科林斯风格的壁柱优美而典雅，墙壁成波浪形，静中有动，颇有立体感。

　　皇家广场是一座19世纪兴建的新古典式、不规则的四边形广场，中央的灯饰是西班牙著名画家达利亲自设计的。

圣欧拉利亚大教堂

圣欧拉利亚教堂是公元599年为圣克鲁斯和圣欧拉利亚神而建,公元985年被阿拉伯军队破坏。1045—1058年,拉蒙·贝林格一世下令重建,恢复了罗马艺术风格。1298年,教堂重建,改为哥特式建筑,不过圣伊沃门和十字堂仍然保留罗马时期的风格。1317—1730年,教堂的后殿又进行了改建。教堂外观巍峨高耸、庄严肃穆,两座八角形钟楼竖立在楼的两臂,造型优美,别具风韵。三个纵厅通过巧妙设计,交叉拱上的三个圆顶变为七个。地下室平面圆顶分为十二块,颇有立体感。周边耳堂内各种绘画十分生动。教堂里还珍藏着许多珍贵的金银饰物。

巴塞罗那还有许多博物馆供人参观和了解这座城市的历史和文化。例如,考古博物馆、加泰罗尼亚艺术博物馆、现代艺术博物馆、毕加索博物馆、米罗基金会、巴塞罗那历史博物馆等。

巴塞罗那圣欧拉利亚大教堂

萨拉戈萨石柱圣母显圣大教堂

2. 萨拉戈萨

萨拉戈萨拥有悠久的历史和文化，是一座美丽且充满神奇的城市。埃布罗河穿过城中心，为这座城市增添了一份灵动之美，两岸现代化建筑鳞次栉比，美丽的街心公园点缀着繁华的马路，绿意盎然，让人充满了对美好生活的向往。

石柱圣母显圣大教堂

石柱圣母显圣大教堂是西班牙第一座圣母玛丽亚基督教堂，也是一座令萨拉戈萨城民引为自豪的巴洛克式建筑群。最初，教堂只有一个哥特式大殿，1677年进行扩建，改为巴洛克式建筑。1753年，建筑师本图拉·罗德里格斯再次进行扩建，增添了一些古典主义元素，从而成为今天一座集各种风格的宏伟建筑群。教堂的圆顶和高大钟楼尤为壮观，塔顶用黄、绿、蓝、白色琉璃瓦砌成，在阳光照射下耀眼夺目。殿内分为三个纵厅，另有七条长廊，粗大的圆柱上雕有古典式图案，可谓斗拱飞檐，雕梁画栋。中央大殿被主祭坛分开，装饰屏描写的是圣母玛丽亚出世，主堂有圣母玛丽亚显灵的情景。萨拉戈萨城因石柱圣母显圣大教堂的玉柱圣母而闻名天下，多少虔诚的基督教徒来到这座教堂祈祷并求得启示，然后迈开虔诚的脚步踏上圣地亚哥之路。

拉塞奥教堂

拉塞奥教堂亦称萨尔瓦多教堂，即救世主的意思。教堂建筑史长达4个世纪，最初是一座古典式基督教堂，阿拉伯统治时期改建成清真寺，14世纪再次改建，15世纪初成为一座哥特式教堂。此后，历代君主下令不断改建和扩建。16世纪，教堂加长扩为三个大殿，不久又扩为五个大殿，还有三个半圆形的后殿，四周增加了许多神殿。正面是17世纪古典式风格，钟楼呈八角形，是17世纪巴洛克式建筑。对着大主教宫的那面墙是用砖砌成，瓷花贴面，装饰别致，格调清雅。穹顶上的八角形图案是典型的穆德哈尔风格，十字耳堂顶部用白、黑、黄三种颜色大理石切成。中央是耶稣受难神像祭坛。四根黑色大理石柱子支撑着巴洛克式的天盖。唱诗室是15世纪建的。在大神殿里有一幅描述耶稣生平的画屏。

阿尔哈菲利亚宫殿

拉塞奥教堂

阿尔哈菲利亚宫殿

　　阿尔哈菲利亚宫殿是11世纪摩尔建筑风格最重要的古迹之一，其风格既不同于格拉纳达的阿兰布拉宫，也不同于科尔多瓦的清真寺。阿尔哈菲利亚宫殿是一个主体为长方形的宫殿，拥有若干圆形塔堡，主体为长方形。历经沧桑，宫殿的建设已经发生了改变，但是其魅力依旧，我们可以走进宫殿里的金色大厅和美丽的伊萨贝尔庭院，感受建筑的宏伟。2001年，这座宫殿被联合国教科文组织列入世界文化遗产名录。宫殿作为休闲娱乐场所兴建，同时也是一座重要的防御性建筑，至今仍保留着防御部分的遗迹。这座气势宏伟的建筑曾是1485法院的宗教裁判所，之后还被作为监狱和部队营房。宫殿中最古老的部分当属行吟诗人塔，其历史可追溯至9世纪。

3. 巴伦西亚

巴伦西亚是一座古老且具有现代化气息的城市,风景秀丽,阳光充足,还有绵长的海滩,天然浴场比比皆是,有"花城"的美誉。每逢夏季之时,便有众多游人前来享受这里的新鲜空气以及温暖阳光。

巴伦西亚大教堂

1238年海梅一世收复了巴伦西亚后便大兴土木,在城区和莱万特海岸兴建了许多哥特式教堂和修道院,但后来君主们又把这些建筑物改造成巴洛克风格。大教堂原来是罗马时期的一座祠庙,不久又改为哥特式天主教堂,阿拉伯人统治时期改成清真寺。

现在的这座大教堂是1262年动工修建的。正面有三个门廊,东门叫宫廷门,为罗马晚期建筑,拱门上面繁多的装饰均受加泰罗尼亚风格影响。西门叫布道者门,属于15世纪哥特式建筑。最引人注目的是祭坛座上面的6座布道者塑像,栩栩如生,引人入胜。巨大的风琴上面有一座圣母玛丽亚塑像,周围是音乐大师和天使。阿拉伯人统治时期,有一个十分有趣的传统,每周四水利法院在布道者门前调节和裁决因土地灌溉发生的民事纠纷。教堂南侧的主门是18世纪巴洛克建筑,栅栏工艺十分精致,因是铁制的故称铁门。教堂外部钟塔十分引人注目,高68米,建于1380—1420年。登上塔顶,可以纵览城市全景。穹顶呈八角形,八扇窗户的窗花十分美丽,融合了哥特式、巴洛克式和文艺复兴时期的元素。教堂中殿长98米,十字耳堂长54米。埃尔南多·亚涅斯、埃尔南多·利亚诺斯等艺术家创作的绘画作品,如描述圣母玛丽亚生平的巨幅画屏十分优美动人。神殿里有一只绿色玛瑙做的圣杯,是一件神秘器物。据说,这只圣杯经长达几个世纪的周折最终才在这座教堂安家。现在,每年圣周举行宗教游行时,都要把这只珍贵的玛瑙圣杯请出来给城民观赏。教堂里还有12座石膏浮雕,描写基督教《新约全书》和《旧约全书》的故事,这是弗洛伦蒂诺·朱利亚诺的代表作。此外,教堂还搜集了戈雅、里韦拉和尼古拉斯·弗洛伦蒂诺等绘画大师们的一些精美画作。

巴伦西亚大教堂

巴伦西亚丝绸交易市场

　　巴伦西亚丝绸交易市场建于1482—1548年,位于市中心集市广场,是15世纪西班牙商业革命的标志性建筑,后来成为海商领事馆,其建筑风格与马略卡岛的帕尔马(马略卡)交易市场相似,属于哥特式建筑。塔楼呈方形,一扇扇巨大的彩色玻璃窗户,十分壮观。塔楼把这座建筑一分为二。右边窗户是印花玻璃,耀眼夺目。拱廊有许多大小不一、离奇古怪的人兽塑像,雕工精细。左右两边上方是两个天使擎起的阿拉贡王国国徽。楼上是长廊式的阳台,典型的文艺复兴风格。门框横梁是阿拉贡王国历代国王的雕像。右侧的交易大厅,长36米,宽21米,分为三部分,由24根柱子擎起。

艺术科学城

　　艺术科学城是巴伦西亚现代化标志性建筑,已成为西班牙重要的文化旅游胜地。这座宏大建筑群分为天文馆、科学馆(费利佩王子艺术科学宫)和歌剧院(索菲娅王后大剧院)这三部分。在这些建筑群中间是天光水色,充满着现代与自然和谐、交融的气息。天文馆呈半圆形,被一个透明的拱形罩子所覆盖,造型十分奇特诱人,酷似人的眼睛。罩的一侧有一扇大门能上下开启与闭合,当罩子张开时,便露出里面的球形天文馆。馆内穹顶是一个巨大的屏幕,看着宇宙、天体知识的电影,仿佛自己是一个外星人。鸟瞰歌剧院,酷似一艘远航的太空船。剧院的外表是闪闪发光的砖贴面,白天和夜晚都能发光。每年来巴伦西亚观光的游客都要目睹这座艺术科学城的风采。

艺术科学城

火祭博物馆

火祭人偶

　　每年3月，巴伦西亚大街上便会举行一个盛大的珐琅节。节日期间，人们将会焚烧300尊以上真人大小的人偶，场面十分壮观。届时人偶会被摆出各种姿态，然后由人们为其投票，其中得分最高的人偶将逃过被焚烧的命运。多年来，人们将能"幸免于难"的人偶放置在火祭博物馆内，供市民及旅客参观。火祭博物馆收藏着1930年以来历年中夺魁的火祭人偶，在馆内还可以买到相关的影片。

圣女广场

　　圣女广场建在瓦伦西亚罗马神殿的遗址上，是老城区的地标之一，周边有很多小餐馆和咖啡馆围绕，是休闲的好去处。广场上的帕劳门为典型的罗马式建筑，丰富的装饰十分惊艳。广场中央有座很著名的喷泉雕像，即图里亚河喷泉。八个女铜像环绕着中间的男性，象征着通往图里亚河的八道水渠环绕这条美丽的河。每当火祭节接近尾声，广场上便会举办向圣母献花的盛大仪式。

圣女广场

省美术馆

　　省美术馆是西班牙重要的博物馆之一，前身是圣皮奥学校。馆内珍藏2000多幅美术作品，作者大多来自巴伦西亚地区的美术大师，如文艺复兴画派胡安·华内斯、现代画派华金·索罗利亚。国家级绘画大师作品也占很重要的地位，其中有格雷科、穆里略、苏尔瓦兰、贝拉斯克斯、戈雅等创作的作品。

省美术馆

旅游资讯 地图导览

184

瓦伦西亚艺术

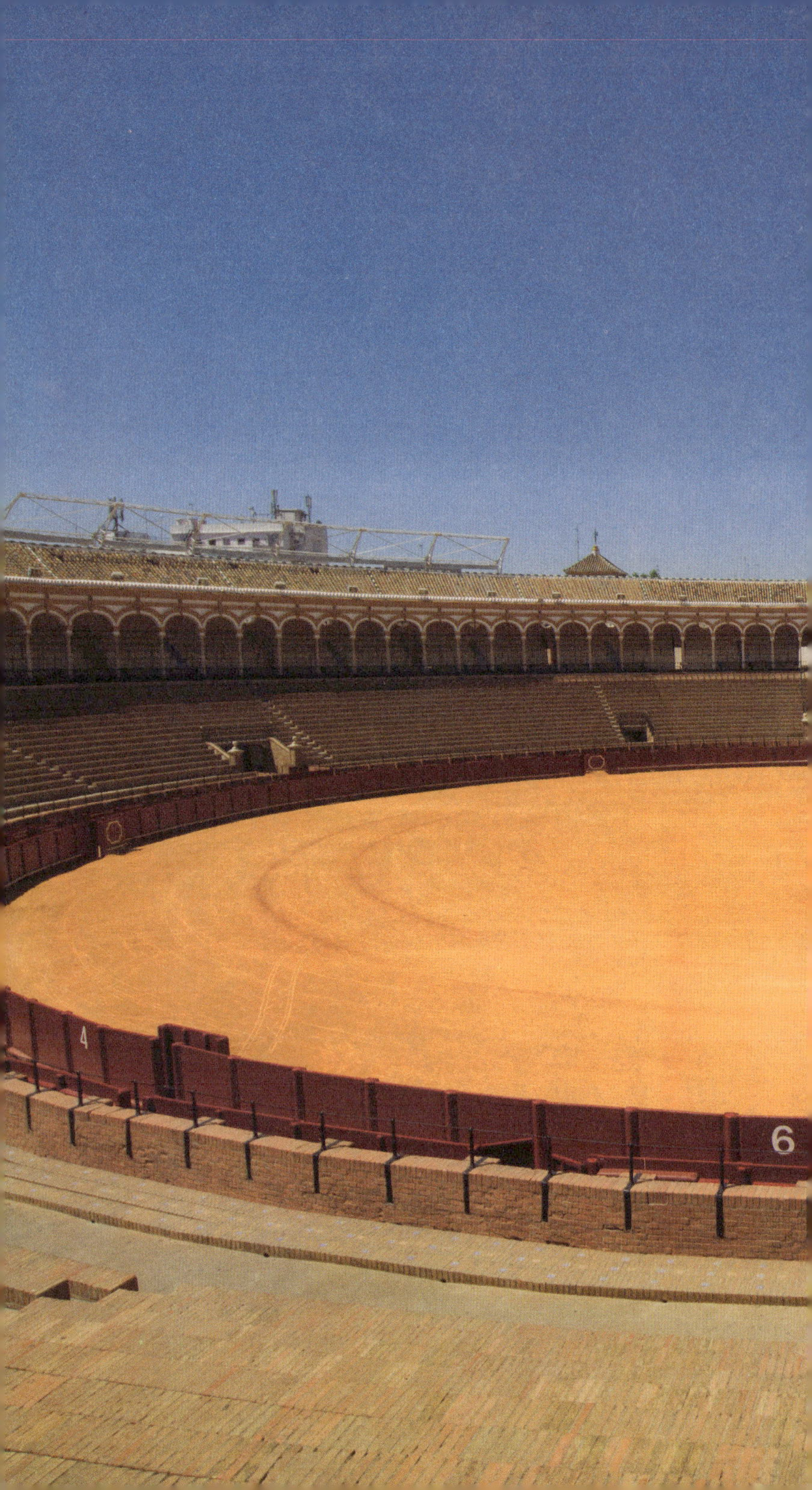
4
6

南部地区旅游热点

塞维利亚

塞维利亚大教堂（世界遗产）、阿尔卡萨城堡（世界遗产）、西班牙广场、金塔海事博物馆、斗牛场、玛丽亚路易莎公园

科尔多瓦（世界遗产）

科尔多瓦清真寺、基督君主城堡、犹太人区、小马广场、罗马桥

格拉纳达

阿兰布拉宫（世界遗产）、皇家教堂、格拉纳达大教堂、阿尔拜辛（世界遗产）、托罗斯广场、圣赫罗尼莫修道院

马拉加

马拉加大教堂、法罗山城堡、马拉加城堡、罗马露天剧场、毕加索博物馆

塞维利亚 Sevilla

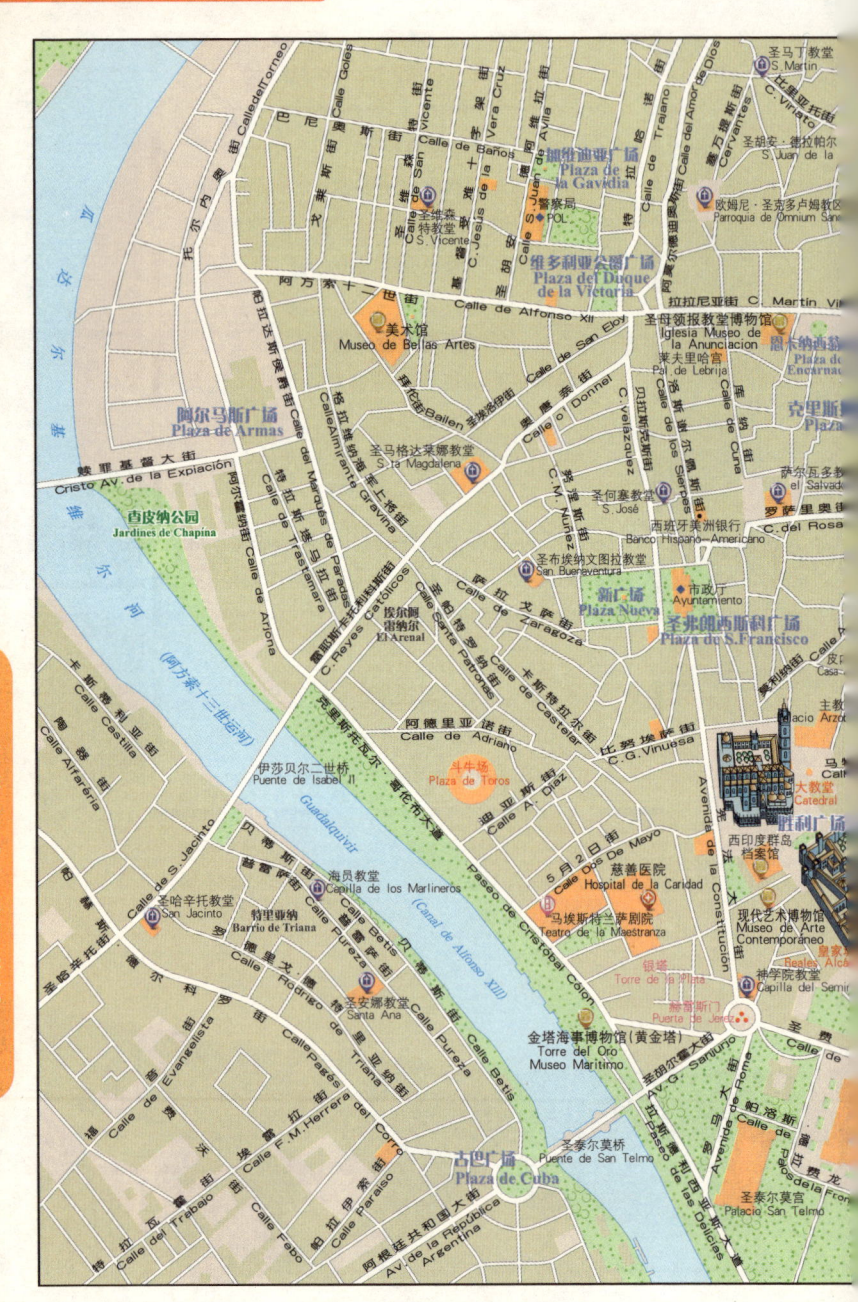

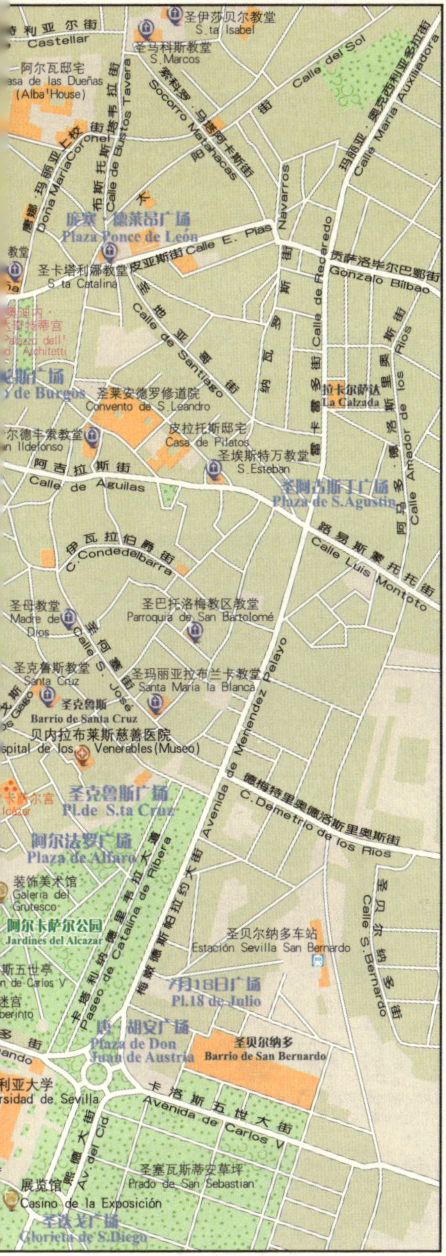
圣伊莎贝尔教堂
S.ta Isabel
圣马科斯教堂
S.Marcos
阿尔瓦邸宅
(Alba House)
Castellar
Calle del Sol
玛丽亚·奥克斯利亚多拉街
Calle María Auxiliadora
索科罗·马塔阿卡斯街
Socorro Matahacas
布斯托斯塔韦拉街
Calle de Bustos Tavera
Dona María Coronel
庞塞·德莱昂广场
Plaza Ponce de León
皮亚斯街
Calle E. Pías
Navarros
圣卡塔利娜教堂
S.ta Catalina
贡萨洛毕尔巴鄂街
Gonzalo Bilbao
Calle de Santiago
Calle de Recaredo
拉卡尔萨达
La Calzada
Calle Amador de los Rios
圣莱安德罗修道院
Convento de S.Leandro
皮拉托斯邸宅
Casa de Pilatos
圣埃斯特万教堂
S.Esteban
阿吉拉斯街
Calle de Aguilas
圣阿古斯丁广场
Plaza de S.Agustín
路易斯蒙托托街
Calle Luis Montoto
伊瓦拉伯爵街
C.Condedelbarra
圣母教堂
Madre de Dios
圣巴托洛梅教区教堂
Parroquia de San Bartolomé
Calle S. José
圣克鲁斯教堂
Santa Cruz
圣玛丽亚拉布兰卡教堂
Santa María la Blanca
圣克鲁斯
Barrio de Santa Cruz
贝内拉布莱斯慈善医院
Venerables (Museo)
圣克鲁斯广场
Pl.de S.ta Cruz
阿尔法罗广场
Plaza de Alfaro
德梅特里奥德洛斯里奥斯街
C.Demetrio de los Rios
Avenida de Menendez Pelayo
Paseo de Catalina de Ribera
装饰美术馆
Galeria del Grutesco
阿尔卡萨尔公园
Jardines del Alcazar
圣贝尔纳多车站
Estación Sevilla San Bernardo
Calle S. Bernardo
7月18日广场
Pl.18 de Julio
唐·胡安广场
Plaza de Don Juan de Austria
圣贝尔纳多
Barrio de San Bernardo
卡洛斯五世大街
Avenida de Carlos V
圣塞瓦斯蒂安草坪
Prado de San Sebastian
展览馆
Casino de la Exposición
Av. del Cid
圣迭戈广场
Glorieta de S.Diego

1. 塞维利亚

风光秀美的瓜达尔吉维尔河是安达卢西亚人民的母亲河，它穿过塞维利亚市中心，塞维利亚人民祖祖辈辈都在这片肥沃的土地上辛勤劳作，繁衍生息。现在的塞维利亚热情地将自己的古老文化和现代文明奉献给世界，迎接着来自四面八方的游客。

塞维利亚大教堂

这座气势宏伟、结构复杂的建筑经过两个世纪（1402—1606年）的建设才初步完工（哥特式和文艺复兴式阶段）。最初是西哥特人修建的一座教堂，1172年，阿里莫哈德王朝在原址修建了阿哈马清真寺。1248年12月，卡斯蒂利亚王国收复了塞维利亚后将阿哈马清真寺改建成天主教堂。皇家祭坛下安放着阿方索十世、费尔南多三世和他的妻子比阿特丽斯·德苏阿比亚的棺椁。不过，当时天主教徒们希望兴建一

塞维利亚大教堂

所纯正的天主教堂，永远抹去阿拉伯人在这座城市长达八个世纪异族统治的耻辱印记，加之1356年发生的一次地震动摇了阿哈马清真寺的基础，塞维利亚教士会于1401年7月决定兴建一座更大规模的天主教堂。1402年拆除了清真寺大部分建筑，开始兴建一座世界级规模的天主教堂，施工期长达二百年之久，经历了欧洲建筑史上的重要时期。虽然它的整体建筑属于哥特风格，但融合了阿拉伯、文艺复兴、巴洛克、学院派和新哥特的艺术元素，最终成为一座完美的建筑艺术群体，仅次于罗马圣彼得大教堂和伦敦圣保罗大教堂的世界第三大哥特式天主教堂。参与这项工程建设的有数名优秀建筑师，如法国建筑师马尔塞·卡林，他的建筑艺术作品遍布欧洲。欧洲百年战争期间，他流亡到西班牙承担了这座宏大建筑的设计工作。参与后期建设的还有迭戈·里亚尼奥、马丁·德盖茵萨、阿森西奥·马埃达。

2008年，教堂设计图纸被发现，对研究教堂的建筑史和技术工艺提供了十分珍贵的资料。同年，为了加强教堂牢固性，进行了最后一次整修，用576块石方更新了大殿中的一根柱子。

教堂共有9个入口，主门朝东，另有两扇侧门，左边是浸礼门，右边是耶稣诞生门，门上有15世纪的雕刻装饰，工艺十分考究。北面的宽恕门尤其漂亮，为穆德哈尔风格，由此门便进入穆哈德尔式的橘子园，这是伊斯兰建筑工艺的见证。教堂共有五个纵厅，主体长117米，宽76米，高40米，十字堂高56米。粗大而又精美的圆柱擎起巨大的穹顶，阳光透过耀眼夺目的彩绘玻璃洒满殿内的巨大空间，人们仿佛进入了一个虚幻世界。这些五光十色的玻璃都是16世纪至19世纪安装的。中厅最引人注目的是唱诗室，周围是精美的铁艺栅栏，排着117把木刻座椅，其中希拉尔达钟塔雕塑十分逼真。圣母受孕堂有一幅精美木刻，描绘圣母怀胎的故事。主堂屋顶呈半圆形，装饰华丽，内有大量艺术雕塑和绘画，具有很高的观赏和艺术价值。周围是16世纪制作的镀金铁艺栅栏，中央上方是一幅表现圣葬画面，旁边有两个工艺精致的铁质布道坛。尤其引人注目的是那幅高23米、宽17米，有上千人物的哥特风格华丽装饰屏，描述耶稣和圣母玛丽亚生活的45幅画面，每个人物都栩栩如生。祭坛后面是圣器室，藏有大量装饰工艺品和阿莱霍·费尔南德斯的三幅珍贵画作。皇家厅堂是面积最大的耳堂，是为塞维利亚征服者费尔南多三世祝圣而建。祭坛前摆放着费尔南多三世的华贵银制骨灰盒。栅栏上的雕塑展现的是费尔南多三世接受城门钥匙的场面。正中央是国王阿方索十世和他的母亲比阿特丽斯·德苏阿比亚的棺椁。此外，地下室还有卡斯蒂利亚摄政王佩德罗一世和他的情人玛丽亚·德巴蒂亚棺椁。室内还摆放着一尊圣母玛丽亚象牙雕像，这是费尔南多三世每次出兵打仗时都要带着的信物，保佑他旗开得胜。椭圆形牧师会厅有西班牙绘画大师穆里略为费尔南多三世作的一幅画像。厅里还珍藏着穆里略的"圣母玛丽亚受孕"以及其他西班牙绘画大师的作品。装饰华丽的圣器室珍藏的雕塑和绘画作品更是丰富多彩，如苏尔瓦兰、戈雅、蒙塔涅斯、穆里略等人的作品。从圣克里斯托瓦尔门（又称叶片门）进去有一幅描绘航海家哥伦布的壁画，横厅是哥伦布博物馆，内有一具铜制棺椁，1899年哥伦布的遗骨从哈瓦那运回国安葬在此。棺椁外面雕刻的卡斯蒂利亚王国、阿拉贡王国、莱昂王国、纳瓦拉王国的骑士雕像，似乎是在擎起这位伟大航海家的灵柩。圣母受孕殿有路易斯·德巴尔加创作的一幅壁画，描述的是亚当和夏娃膜拜圣母和她儿子的情景，画工细腻，形象生动。

教堂堪称一个巨大的博物馆，在其他圣器室里珍藏有帷幔、法衣、颂词、诗集、艺术珍品和精美的绘画。大祭坛的风琴造型和音色在全国首屈一指，是由阿基利诺·阿梅苏亚于1901年亲手制作的，原来的风琴因1888年殿内局部塌陷而被损坏。

塞维利亚的修道院

阿尔卡萨宫

阿尔卡萨宫就在圣母玛丽亚大教堂对面,是一座宏大的穆德哈尔风格建筑群,被誉为西班牙乃至欧洲最复杂最美丽的城堡。城堡中主要有狮子园、狩猎园、佩德罗宫殿、阿拉伯浴室、卡洛斯五世宫殿等参观点。王宫是穆迪札尔风格建筑的最佳典范之一,其巧妙的布局中融合了伊斯兰艺术色彩,运用阴影回廊的魅力,加上石膏雕花和各种美丽装饰,庭院里的流水和喷泉的点缀,实在令人心旷神怡。1987年,阿尔卡萨宫被联合国教科文组织列入世界文化遗产名录。

阿尔卡萨宫

西班牙广场

塞维利亚西班牙广场造型和布局与马德里、巴塞罗那西班牙广场都有所不同,从美学和建筑学角度被誉为西班牙最美丽的广场,是为1929年举办伊比利亚美洲博览会兴建的,于1914年动工。广场呈半圆扇形,像是敞开臂膀拥抱着西班牙和美洲,眺望着瓜达尔吉尔河,前面就是一条通向拉丁美洲大道。一条护城河穿过,河面有5座桥,与广场相连。美丽的建筑物环绕着广场,两端是两座用红砖砌成的塔楼,加上陶瓷贴面和铁艺装饰以及汉白玉雕刻,给广场增添了不少色彩和活力。站在广场中央,注视着这座宏大的建筑物,在阳光照耀下金光灿灿,多姿多彩,着实领悟到了西班牙文艺复兴时期建筑艺术的辉煌。

金塔海事博物馆

金塔海事博物馆位于瓜达尔吉维尔河畔，是塞维利亚象征之一。塔身为等边12面体，每个面代表一个方位。围绕着金塔有各种传说和故事，有的说当年西班牙殖民者把在拉丁美洲掠夺的大量黄金和白银储藏在塔内，因而曾被称为黄金塔。不过人们普遍认为黄金塔的名字来自塔身外面的黄色陶瓷贴面，在阳光的照耀下，闪闪发光，故称黄金塔。黄金塔后来曾被用做监狱、仓库、邮局等，现为海事博物馆，主要展示古海图、古船模型及各种船头装饰。登塔远眺，整个瓜达尔吉维尔河两岸风光一览无余，此时拿出相机将此美景定格，无疑是你旅程中的一个小惊喜。

科尔多瓦清真寺

斗牛场

斗牛场又被称为马埃斯特兰萨斗牛场，建于1761年，是西班牙最古老的圆形竞技场。这个大型的斗牛场拥有12000多个座位，其拱门、看台的造型都非常精致，被称为是西班牙最重要、最传统的斗牛场。整体包括斗牛场、画厅、斗牛博物馆等，全程有英语或西班牙语导游解说，大约45分钟。斗牛场中的斗牛博物馆，详细介绍了斗牛的历史，还展示有各色精工刺绣的斗牛士服装，以及著名斗牛士生平介绍等，内容十分充实，可让人们进一步了解西班牙的斗牛文化。斗牛场每年都会举办斗牛活动，假如想了解、参观斗牛比赛，可电话咨询或上网查询具体信息。

玛丽亚路易莎公园

　　玛丽亚路易莎公园是为了纪念哥伦布发现新大陆而建,是塞维利亚主要的绿化区域,在塞维亚扮演着重要的角色。公园起初是一座浪漫派风格的花园,由路易莎·德·奥尔良公主捐赠。公园中有塞维利亚民俗博物馆,主要展出塞维利亚当地陶器、传统民族服装以及古代农具、家具等。此外,公园内还有省立考古博物馆,是新文艺复兴风格的建筑体,展出史前时代和古罗马时代的文物,包括意大利加古城遗址出土的文物。

2. 科尔多瓦

科尔多瓦有"花都"之美誉，城市中摩尔式庭院比比皆是，大街小巷，处处有鲜花点缀，走在美丽的百花巷中，阵阵花香沁人心脾。每到五月份，整个城市仿佛一个百花盛开的大花园，吸引着成千上万游客前来。

科尔多瓦清真寺

科尔多瓦清真寺是迄今世界上最美、规模最大的清真寺之一。公元785年，科尔多瓦王朝第一任埃米尔拉赫曼一世在罗马神庙和西哥特教堂原址修建了这座宏伟建筑。之后又经过历代君王根据自己的喜好不断改建和扩建。尽管如此，迄今这座教堂仍然完好地保留着阿拉伯建筑艺术风格。整个建筑被一座巨大的高墙所环绕。从北墙进入宽恕门，便来到橘子园，只见草木苍翠，花姿娇媚，成行的橘子树千枝竞秀，橘香扑鼻，棕榈树傲然挺拔，相映成趣，加上喷泉和马蹄形拱门相衬托，人工和自然美巧妙的结合，令人流连忘返。建筑整体虽以阿拉伯风格为主，但也吸纳了其他建筑流派的艺术元素。各大殿五彩缤纷的各种装饰，精确的几何设计，叶片状的椭圆形拱，波斯风格的屋顶，光彩夺目的摩西时期镶嵌艺术都在这座辉煌的建筑中得到了体现。

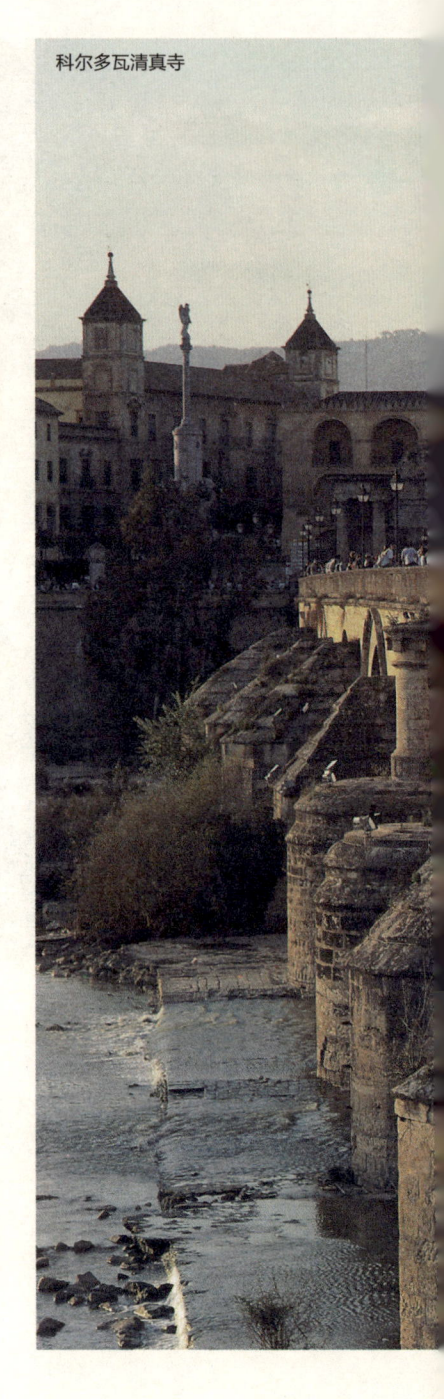

科尔多瓦清真寺

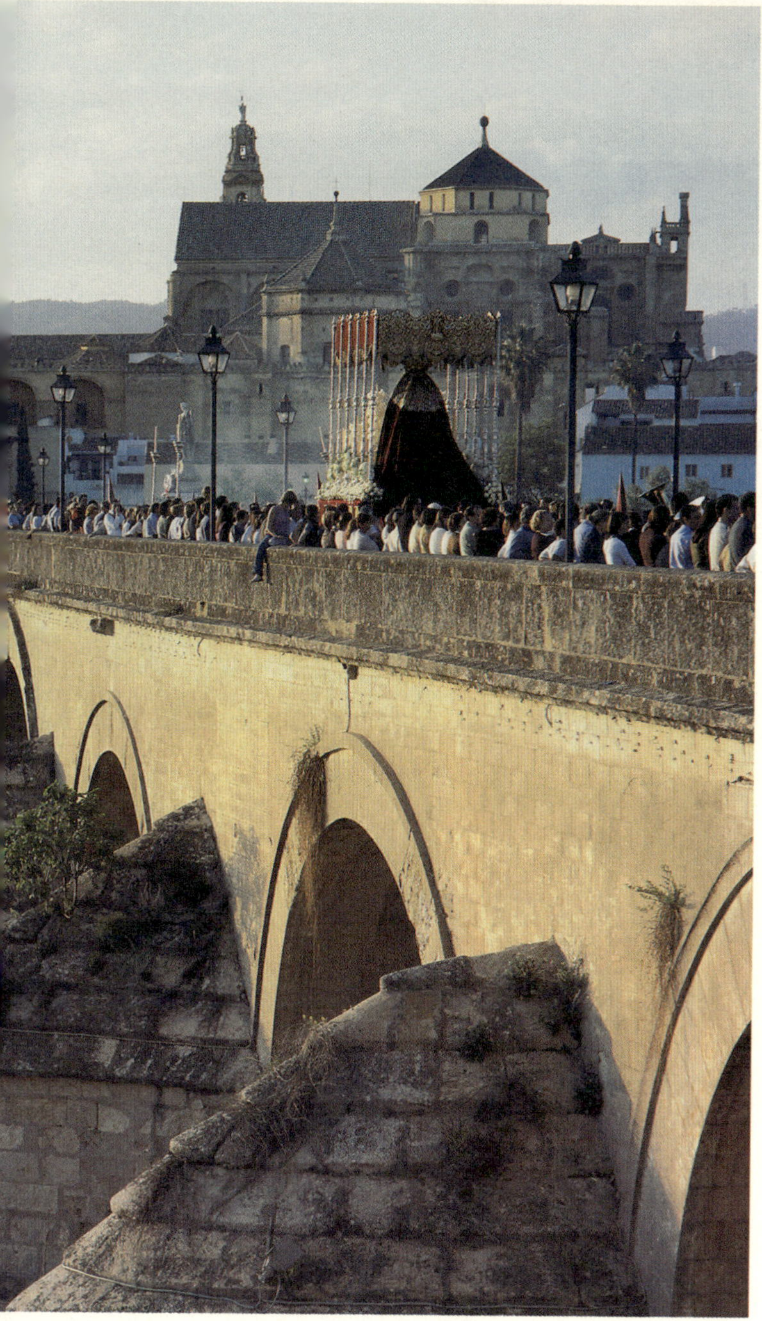

基督君主城堡

基督君主城堡原址是摩尔人修建的一座小城堡，阿方索十世下令改建，阿方索十一世时期才全部完工，仍然保持阿拉伯风格。天主教双王在城堡住了八年，他们在这里接见了航海家哥伦布。城堡呈长方形，高大围墙完全用坚硬的石方砌成，四个角竖立着四座塔楼，城堡内几座庭院颇带异国风情，花园十分美丽，到处绿树成荫，繁花似锦，绚丽多彩，幽香醉人。庭院中的水池泛着绿光，宛如一块明净的镜面，周边建筑物在水中的倒影，织成了一幅美丽图画。两座穆德哈尔式花园别具阿拉伯情调，到处草木丰茂，花香鸟语，流水潺潺。19世纪，城堡改为监狱。现在是罗马博物馆，展出许多罗马时期的手工艺品，特别是镶嵌手工艺品十分精美。

科尔多瓦罗马桥

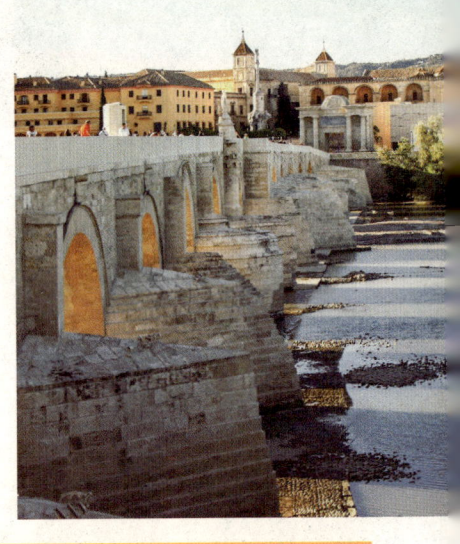

犹太人区

犹太人区现在依旧保存比较完好，拥有像迷宫一样错综复杂的建筑，犹太人曾是科尔多瓦哈里发帝国经济的坚实后盾。直到1492年，收复失地运动结束后，犹太人在新的法令下被驱逐。美丽的百花巷是科尔多瓦非常优美的小巷，小巷狭窄曲折，但墙上、窗台上处处可见鲜花的踪影，就连路上都弥漫着阵阵花香。西部城墙附近有犹太教堂，这里的石膏工艺品值得一览。在斗牛博物馆中还珍藏着斗牛士的衣服和照片，此外还有一间展室专门纪念斗牛大师马诺雷特，陈列有其墓碑的复制品，以及曾经冲撞过他的斗牛的皮毛。

小马广场

小马广场上有幼马像的喷泉，这是科尔多瓦市的徽章。广场规模很小，不过因为在广场西侧有著名小说《堂吉诃德》的作者塞万提斯曾经投宿过的幼马客栈而变得十分著名。每一个来科尔多瓦旅游的人，都不禁会到这个小型的广场上游玩一下。广场曾是小贩聚集的集市，十分热闹，现在虽然变得比较低调，但是在广场周围还是有很多别具特色的礼品店，你可在里面找到各种当地特产。

罗马市内风光

罗马桥

罗马桥最初建于1世纪，13世纪到19世纪还有不同程度的修建，现在仍然可以行车走人。大桥为巨石建筑，有16个桥孔，桥南的桥头堡已被开辟为博物馆，讲述着科尔多瓦的历史沧桑。从桥上看着桥下的河水流淌，即使在炎炎夏日也会感到清新凉爽。夕阳下的罗马桥是科尔多瓦最美丽的景色之一，站在罗马桥南端，对岸的清真寺和古朴的大桥相映成趣，将如此美好的风景定格在镜头中，无疑是你此次出行的一大收获。

3. 格拉纳达

格拉纳达在西班牙悠长的历史中占有重要地位,以其丰厚的文化底蕴、数量众多的古代建筑以及美丽的景色而著称。整座城市被达罗河分为两部分,其中左侧为阿拉巴辛老区,雄伟的阿兰布拉宫便屹立在那里。

阿兰布拉宫

阿兰布拉宫久负盛名,是一座集城堡、宫殿、庭院、花园于一体的宏大建筑群,处处闪耀着阿拉伯建筑艺术的灿烂光辉。"阿兰布拉"一词阿拉伯语是红色的意思,故亦称"红宫"。黄昏时,落日余晖洒满了阿兰布拉宫,泛起一片红色,然后慢慢地沉寂,仿佛每天都在诉说着它辉煌的过去和没落。的确,当阿拉伯人统治西班牙时曾何等的不可一世,可基督教徒坚持了整整八个世纪的收复失地运动,终于将阿拉伯人在这片土地上的最后一个乐园彻底摧毁了。看着这座城堡多少给人一些凄凉的回忆。阿兰布拉宫是一座恢宏的建筑,代表了阿拉伯艺术的高峰。它位于太阳山顶上,依山做基,就岩起屋,有凌空欲飞之势。这座豪华宫殿掩映在郁郁葱葱的参天古树之中,在太阳的照射下,显得更加庄严古老,巍峨壮观。殿宇亭阁鳞次栉比,各有特色。

阿兰布拉宫

屋顶殿脊装饰别致，雕梁画栋，精雕细刻。阿拉伯人把这座宫殿设计成一个全功能的城堡，宫内设施齐全，王宫、花园、清真寺、学校、手工作坊等，应有尽有。1238年，穆哈默德·本·纳扎尔打下格拉纳达后便在此兴建了阿兰布拉宫的主体部分，此后他的儿子穆哈默德二世继续扩建。14世纪，优素福一世修建了塔楼，穆哈默德五世修建了狮子园。1492年，天主教双王进城后便成为他们的行宫。1812年，拿破仑侵略军从格拉纳达撤退时曾计划将阿兰布拉宫炸毁，但是格拉纳达城民奋起保护了这座建筑，使法国侵略军的阴谋破产。1984年阿兰布拉宫被联合国教科文组织列入世界文化遗产名录。

阿兰布拉宫分为四部分，即城堡、阿拉伯宫、卡洛斯五世寝宫、大花园。

城堡建于11世纪，是当年的军事防御区。城墙上众多的塔楼是当年的瞭望台，造型各异，名字也非常美妙，如帆船塔、贵妇人塔、公主塔、水塔等。登上帆船塔顶，赫尔尼河平原一览无遗。登上值夜塔顶，远处的雪山清晰可见。经过几百年的风雨洗礼，红墙虽已褪色，但遗风长存。

阿拉伯宫分为三部分，即司法公共事务宫、王宫、寝宫。宫内装饰突出了伊斯兰风格，整个墙壁和圆柱的木质雕花和大理石镂空花纹设计得十分华丽繁复，图案美观，格调清雅，玲珑剔透。各种各样的装饰令人目不暇接，有枝叶状、繁星状、耳环状、玫瑰花饰等等，多姿多彩，造型生动。

卡洛斯五世寝宫建于1527年，顾名思义是因为卡洛斯五世所建而得此名，但据记载，卡洛斯五世从未在这里住过。宫殿正面是文艺复兴风格，共两层，中间是一个圆形广场，正对着杨梅宫，典型的文艺复兴矫揉造作建筑风格，与阿拉伯宫形成鲜明对照。一层外边是陶力克式圆柱，二层的圆柱为爱奥尼亚式，中楣是牛头装饰，典型的罗马风格。正门两边有两座带着翅膀的女人塑像，靠着墙壁，展翅欲飞的样子，造型十分生动。门上方有三个绿色大理石雕刻的圆形装饰。宫殿于17世纪一度停工，直到20世纪才完工。

阿兰布拉宫内有许多庭院，颇具阿拉伯风格，其中狮子园最具代表性，是当年阿拉伯君主们的妃子居住的地方。1378年穆罕默德下令修建，周边有124根大理石圆柱，排列有序，拱门雕刻装饰生动精美，数个大厅清一色的阿拉伯式装饰，优雅别致。天井中央是一座喷泉，水池四周有12只狮子，嘴中流水潺潺，故得名狮子园。

皇家教堂

这座教堂是天主教双王1504年下令兴建的，打算死后安葬于此。同年，伊萨贝尔女王辞世，1516年她的丈夫费尔南多二世驾崩，两位君王的棺椁暂时安放在佛朗西斯克修道院。1521年皇家教堂竣工，他们的棺椁才得以永久安放在这里。教堂仅有一个纵厅，庄严而雅致，拱顶为哥特式，扇形拱。通道上的灯光设计十分巧妙，象征着司法像阳光一样普照。祭坛上方的雕塑均以历史为题材，特别引人瞩目的是摩尔人被强迫改信天主教和天主教双王攻占格拉纳达的壮观场面。两边耳堂铁艺镀金栅栏分为三部分，上半部分的装饰十分精美，描写的是耶稣生平和被钉在十字架的情景。天主教双王的棺柩用精美的汉白玉做成，这是意大利著名雕刻家多米尼克·范塞利的作品。堂内还安葬着天主教双王的女儿胡安娜和她的丈夫费利佩以及他们的儿子米格尔王子。

皇家教堂

格拉纳达大教堂

格拉纳达大教堂原址是一座清真寺，始建于1523年，1704年完工。原设计是兴建一座哥特式教堂，后改为文艺复兴式。教堂有三个巨大的拱形大殿组成，中央礼拜堂圆顶高45米，顶部窗户镶嵌五颜六色的彩绘玻璃，装饰颇为华丽。教堂前有比布-兰布拉广场，广场上有中央喷泉、雕像点缀，还有很多餐厅和花店，逛完大教堂后可以到这里来休息一下。

阿尔拜辛

阿尔拜辛位于阿兰布拉宫对面的山上，是格拉纳达城中一个古老的街区。这里保持着摩尔时代的风貌，拥有狭窄而蜿蜒的街道、白色的房屋，以及圣尼古拉斯广场、圣尼古拉斯瞭望塔、考古博物馆、阿拉伯浴室等著名景点。1984年，阿尔拜辛区与著名的阿兰布拉宫一同被列入世界遗产名录之中。这片街区上的建筑都很古老，街道很窄，而且比较陡，不过街道上铺的都是鹅卵石，走在上面，可以感受到浓郁的阿拉伯风情。到了阿尔拜辛区，就一定要去圣尼古拉斯广场、圣尼古拉斯瞭望塔看看，在这里你可看见阿兰布拉宫美丽的日落之景，以及壮观的内华达山脉景致。

托罗斯广场

托罗斯广场是一个古老的圆形斗牛场,是格拉纳达最受欢迎的标志性建筑之一。这座斗牛场规模很大,拥有14500多个座位,在每次斗牛比赛时,都座无虚席。在观众席下面还有旅馆、酒吧和俱乐部。在这里你还可以参观到斗牛艺术博物馆、牛栏、出场的通道、马厩、典型西班牙式的驯马场、皇室的看台等。除了每年举行斗牛比赛外,还会举行大型的音乐会及展览。

圣赫罗尼莫修道院

圣赫罗尼莫修道院位于格拉纳达市区的西北边,始建于16世纪,历经3个多世纪的时间才建完。修道院主体建筑包括中庭和礼拜堂,为巴洛克风格。在18世纪中叶,修道院又增建了圣器室,里面展示有很多艺术藏品。当人们走到圣器室中,看到这里的大理石雕刻、金银镶嵌的工艺品、象牙等,便不禁会被其华丽的装饰震撼。修道院的礼拜堂中有金色的柱子和旋涡装饰的墙壁,让人久久难以忘怀,中庭优美的回廊,为修道院营造出了一派与世无争的幽静气氛。

托罗斯斗牛场

马拉加

4．马拉加

著名画家毕加索就出生在马拉加,他对自己的家乡也是赞誉有加。他有一句名言:"没有亲身享受马拉加阳光的人,不可能创作出立体主义的绘画艺术。"马拉加是一座古城,3世纪的古罗马圆形露天剧场,6世纪的阿拉伯城堡,以及诸多的基督教文化艺术成为这座城市历史的最好见证和记载。到马拉加一游,不仅能享受阳光和接受大海的洗礼,而且能重温西班牙历史。

马拉加大教堂

马拉加大教堂始建于1528年,1783因工程资金用于支持美国独立战争,工程一度中断。教堂的设计师是迭戈·德西洛埃,建筑师是何塞·德贝尔加拉。这座教堂被誉为安达卢西亚建筑艺术中的一颗明珠,典型的文艺复兴时期建筑。从大理石砌成的露天阶梯拾级而上便来到教堂的正门,两边钟楼十分壮观。教堂长99.12米,宽51.70米,高41.59米,共分为三个大殿,有18个耳堂,如圣心堂、圣巴尔瓦拉堂、国王圣母堂、圣佛朗西斯克堂等等。祭坛前面的5个耳堂,呈半圆形,十分别致美观。唱诗室的座椅堪称雕塑精品,是佩德罗·德梅纳设计和创作的。两部巨大的风琴造型奇特,音质优美。

法罗山城堡

　　法罗山城堡位于一座小山包上，居高临下，视野宽阔，能直接看到大海。最初，腓尼基人在此地兴建了一座城堡，但规模很小。阿拉伯人占领马拉加后在原址建起了一座功能齐全的城堡，主要用于观察敌情，防御外来袭击。今天，城堡周围绿树成荫，苍松挺拔，海风吹来，林涛起伏。站在城堡高处，整个城市尽收眼底，举目远望，碧蓝的大海一望无际，令人心旷神怡。城中的大教堂等古老建筑与现代建筑历历在目，折射出这座城市古老与现代融为一体的文化特色。

法罗山城堡

马拉加城堡

　　马拉加城堡位于海关大楼附近，是马拉加标志性建筑之一。建于8世纪，当时有110多个瞭望塔，还有一条秘密隧道，直通城堡外部。在驱逐了阿拉伯人后，天主教双王曾居住在城堡里面。1931年，城堡被列为国家文物保护单位，经过修复之后，面貌焕然一新。今天的城堡变成了一个大花园，摩尔人修建的三个庭院经过修复变得更加美丽，到处绿草如茵，百花争艳，池塘里的水清澈见底，借着阳光，水中的倒影与地面的花树构成了一幅自然图画，令人陶醉。如今，城堡部分房屋辟为博物馆，供人们参观和了解马拉加这座古城的历史和文化，如考古博物馆珍藏着多年来考古学家在马拉加周围挖掘出的大量文化遗迹，其中包括旧石器、新石器、金属器时代的珍贵遗存。此外，城堡还有一个陶器博物馆，展出的是9世纪至15世纪的陶瓷艺术品。

罗马露天剧场

罗马露天剧场是马拉加这座古城演变的见证。它位于市中心，与阿拉伯城堡、文化之家相邻。这是西班牙迄今保存最完好的罗马帝国时期的建筑遗存。据史料记载，这座露天剧场是罗马皇帝奥古斯都统治时期兴建的，一直使用到3世纪。1951年，在文化之家施工中偶然发现这座古罗马建筑。在挖掘过程中还发现了罗马帝国时期的一个仓库和工厂，对研究古罗马在西班牙的经济和文化活动具有很重要的参考价值。剧场呈半圆形，走廊把观众席分为三部分，舞台居中。1958—1984年，人们经常在这座剧场举办消夏音乐会。此后经过20多年的重建，这座古老的剧场又焕发了青春，它不仅供人们参观，而且经常在这里举办各种文化演出活动。

毕加索博物馆

毕加索博物馆位于马拉加旧市区，离马拉加大教堂和毕加索故居不远，由16世纪的一座宫殿改建而成。毕加索博物馆于2003年10月27日开放，西班牙国王胡安·卡洛斯一世和索菲亚王后参加了开馆仪式。开馆后，参观者络绎不绝，与日俱增。随着展品的增多，展厅面积日显不足，便把旁边的一座楼房辟为博物馆一部分。通过精心设计，利用回廊和走道使新旧楼体结合得十分巧妙，丝毫看不出旧的痕迹。经过改造和扩建，博物馆总面积达到约3437平方米，带有穆德哈尔风格和文艺复兴时期的特点，馆内有画廊、会议厅、办公室、教育设施、图书馆、商店等。

在这座博物馆中珍藏着毕加索的204件画作，大部分是捐赠品，其中以毕加索遗产继承人克里斯丁·路易斯－毕加索和贝纳德·路易斯－毕加索两人捐赠的为主。前者捐赠了113件，后者捐赠了22件，有油画、素描、雕塑和陶器等。通过这些展品可以了解到这位伟大艺术家的创作生涯，其中包括蓝色时期、玫瑰时期、立体主义时期和超现实主义时期的作品。可以欣赏到毕加索最早的画作之一《小女孩和她的洋娃娃》。这幅画是由贝纳德·路易斯－毕加索捐赠的。《戴白帽子的保罗像》描写的是他的爱子保罗骑驴的情景。毕加索博物馆的兴建为马拉加增添了一座新的艺术殿堂，它向世人重新展现毕加索艺术生命的轨迹，证明他是20世纪世界最伟大艺术家，他的遗世作品达两万多件，包括油画、素描、雕塑、拼贴、陶瓷等作品。毕加索是一位爱国的艺术家，他渴望西班牙实现民主，用自己的画笔谴责法西斯暴行。他对艺术地执着追求和创新精神与马拉加这座魅力城市永远并存。

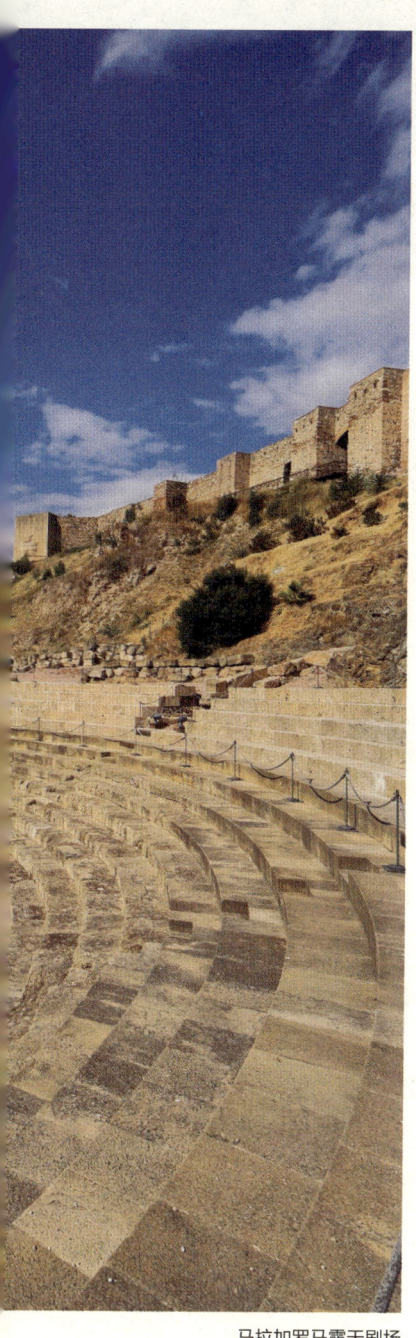

马拉加罗马露天剧场

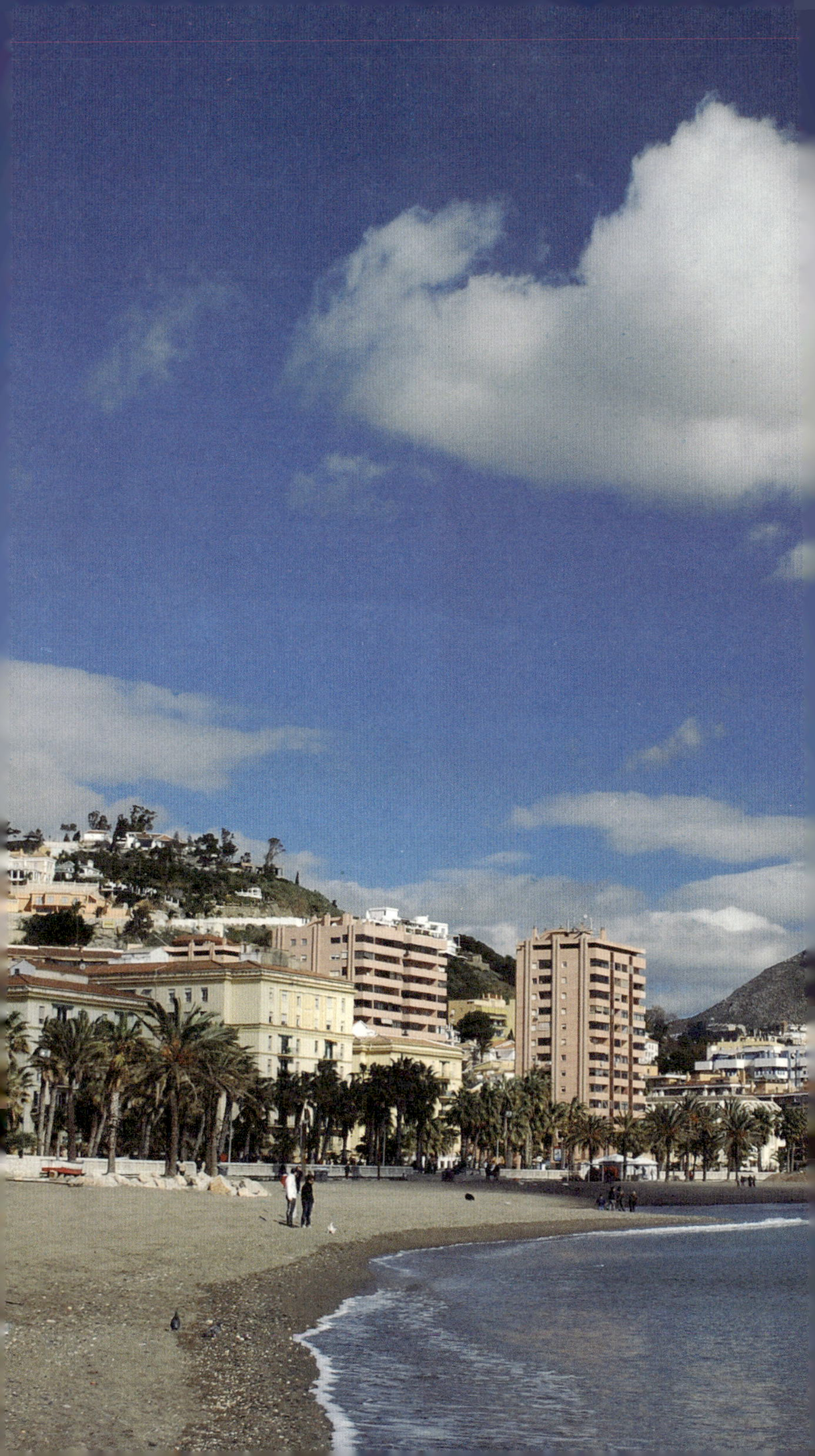

马拉加的海滩

旅游须知

1. 意外应急须知

（1）护照遗失

在国外旅行，护照是非常重要的证件，一旦丢失，则需立即向中国驻西班牙大使馆打电话，说明具体情况，并留下自己的电话。在大使馆备注后可以等半天时间，因为有可能会有好心人为你送回护照。在等待的这段时间，你可以到附近的警察局开个护照遗失证明，然后准备补办护照所需的材料，如事先准备好的照片、护照复印件、身份证原件及复印件、警察局开具的护照遗失证明及复印件等。如果没能找回护照，应尽快拿着自己的材料前往大使馆补办护照。为了保险起见，你可以提前准备一份护照的复印件。

（2）行李丢失

在行李托运时，应该做一些明显的标记，这样方便自己认出，同时也可避免让别人拿错。一些重要的文件资料或者贵重物品，尽量不要拿去托运，随身携带并且妥善保管。

如果你在下飞机的时候找不到自己的行李，可以与现场的工作人员联系或者到行李查询柜台进行询问，并给工作人员看你的行李单，看看是否有人拿错行李。如果行李遗失，那就要对行李进行遗失登记。在登记遗失行李表时，要详细写清楚行李中包含的物品和价格，如果3天没有找到行李，那么可以向航空公司或者巴士公司要求理赔。但如果你是在旅途中丢失行李，比如在宾馆、车站等地丢失，那么就要及

物品遗失

时与相关工作人员联系并报警，但是那样找回行李的几率比较低。

（3）信用卡和旅行支票丢失

信用卡遗失应立刻打电话至发卡银行的24小时服务中心，办理挂失与停用业务，也可以与当地信用卡公司的办事处或合作银行取得联系。办理手续时需要信用卡号和有效期限，所以一定要牢记自己的信用卡号。当旅行支票丢失时，如果自己没有签名，不用担心。如果自己已签名，就需立即给旅行支票发行公司的海外服务中心打电话挂失后，停用已遗失的旅行支票，并申请重发旅行支票。

（4）生病

西班牙的医院、诊所遍及全国各地，且医疗水准较高，相关的医疗设备也相当先进，平时及假日就医十分方便。如果在旅途中感冒或水土不服等，可以吃点自己事先准备的药物，然后多休息缓解不适。还可以到就近的西班牙医院里买些相关药物，西班牙大街上药店有绿色的十字标志，很容易认出。遇到任何紧急情况都可以拨打112，救护车紧急电话为061。

2. 紧急电话与求助电话

紧急服务中心：112

紧急医疗救援：061

国民自卫队：062

国家警察局：091

火警：080

中文报警电话号码：913228598、913228599

3. 中国驻西班牙使领馆联系方式

中国驻马德里大使馆

地址：C/Arturo Soria，113,Madrid

电话：0034-91-5194242

新办公地址：C/Josefa Valcarcel 40，1a planta 1，28027 Madrid，Spain(Sección Consular de la Embajada de China)

电话：0034-91-7414728

中国驻巴塞罗那总领事馆

地址：NO.34，AVDA.Tibidabo，08022-Barcelona，Spain

电话：0034-93-2541199

©《中国公民出游宝典》编委会 2014
所有权利（含信息网络传播权）保留，未经许可，不得以任何方式使用。

图书在版编目（CIP）数据

西班牙/《中国公民出游宝典》编委会编著. —北京：测绘出版社，2014.5
（中国公民出游宝典）
ISBN 978-7-5030-3381-0

Ⅰ.①西… Ⅱ.①中… Ⅲ.①旅游指南–西班牙 Ⅳ.①K955.19

中国版本图书馆CIP数据核字（2014）第033449号

人文地理作者：许昌财

策　　　划	赵　强			
责任编辑	赵　强			
执行编辑	王　娜			
地图编辑	黄　波			
责任印制	陈　超			
出版发行	测绘出版社	电　话	010-83543956（发行部）	
地　　址	北京市西城区三里河路50号		010-68531609（门市部）	
邮政编码	100045		010-68531363（编辑部）	
电子信箱	smp@sinomaps.com	网　址	www.chinasmp.com	
印　　刷	北京新华印刷有限公司	经　销	新华书店	
成品规格	125mm×210mm	印　张	7	
字　　数	157千字	版　次	2014年5月第1版	
印　　次	2014年5月第1次印刷	定　价	42.00元	
书　　号	ISBN 978-7-5030-3381-0/K·432			
审 图 号	GS（2014）150号			

本书如有印装质量问题，请与我社门市部联系调换。